Ulrich Wolf

Das ultimative ENERGIE Sparbuch

95 Tipps für mehr Geld im Portemonnaie

Ein Buch zur richtigen Zeit

Liebe Leserin, lieber Leser,

das Thema Energiesparen ist nun wirklich nicht brandneu, ich erinnere mich an ähnliche Appelle in den 80er-Jahren. Aber es hat im letzten halben Jahr erheblich an Brisanz gewonnen. Dieses Buch soll dich daran erinnern, dass auch du es maßgeblich in der Hand hast, wie viel der kostbaren Energie du täglich verbrauchst. Es soll dich ermuntern, deinen elektrischen Verbrauch und auch dein Verhalten genauer in den Blick zu nehmen. Unsere 95 Tipps sind jeder für sich genommen keine Gamechanger, aber die Vielzahl der kleinen Stellschrauben, an denen du selber drehen kannst, können für dich einen wirklich spürbaren Unterschied machen. Probier's aus …

Ich wünsche dir viel Spaß beim Lesen und Staunen.

Ulrich Wolf

INHALT

Energiesparen Allgemein

- 10 Mein Energieverbrauch – wer hilft beim Check?
- 12 Stimmt die Gesamtbilanz?
- 13 Welche Verpackung nehme ich?
- 14 Vertrauen ist gut, Kontrolle ist besser?
- 16 Wie schaffe ich es, Energiefresser gar nicht erst zu benutzen?
- 18 Wechseln lohnt immer!
- 20 Stromsparen im Schlaf?
- 21 Viel Wind für wenig Kohle?

Energiesparen im Badezimmer

- 26 Energie beim Duschen sparen?
- 28 Was tun bei hoher Luftfeuchte?
- 29 Ein heißes Vollbad im Winter – eine echte Wohltat!
- 30 Vom Hahn direkt in den Abfluss?
- 31 20 l Wasser für einmal Einseifen?
- 32 Was kann ich bei alten Boilern verbessern?
- 34 Reicht die Sonneneinstrahlung auch für Warmwasser?
- 36 Warmwasser im Vorbeifließen
- 38 Warum ist weniger Wasser mehr?

Energiesparen im Haus

- 44 Hilft ein Mantel für Heizungs- und Warmwasserrohre?
- 45 Mehr Grün auf den Dächern?
- 46 Muss es immer die große Dämmlösung von außen sein?
- 48 Zieht's durch den Rollladenkasten?
- 50 Die Wohnung ist warm, aber die Füße sind kalt!
- 52 Umrüsten auf LED?
- 53 Festbeleuchtung ist out
- 54 Eine komplette Dachsanierung ist zu kostspielig?
- 56 Was kann man denn von innen machen?
- 58 Wie oft soll ich meine Heizungsanlage checken lassen?
- 60 Bye-bye alte Heizung …
- 62 Schlechte Luft in den eigenen vier Wänden?
- 64 Ist nachträgliches Dämmen möglich?
- 66 Dschungel an den Außenwänden?
- 68 Ist das Licht wirklich aus?
- 70 Jedes Haus hat eine Schattenseite
- 72 Warme Luft steigt nach oben
- 74 Sonnenwärme in die Nacht hinüberretten?
- 76 Wärme „ab durch die Haustüre"?
- 78 Historische Fenster optimieren
- 80 Wärme, die durch die Decke geht?

Energiesparen beim Heizen

- 86 Warum den Heizkörper verstecken?
- 87 Helfen geschlossene Türen wirklich?
- 88 Infrarot – mehr als heiße Luft
- 90 Aufgedrehte Heizung wird nicht warm?
- 92 Warum ist die Fensterbank ein Problem?
- 93 Lohnt sich ein hydraulischer Abgleich?
- 94 Halten deine Fenster wirklich dicht?
- 96 Hast du schon deine Tür in Augenschein genommen?
- 98 Brauchen alle meine Räume immer die gleiche Temperatur?

100 Was bringt Reflexion?
101 Was soll ich bloß anziehen?
102 Verstaubte Heizkörper – nur eine optische Frage?
104 Sind die Fenster noch ganz dicht?
106 Pellets statt Gas oder Öl
108 Wärme tauschen und zurückgewinnen
110 Fördermöglichkeiten

Energiesparen in der Küche

116 „Spar"-Hans als Küchenmeister
118 Ist es wichtig, wo ein Gerät steht?
120 Geht's beim Kochen nicht schneller?
122 Eine ganze Kanne Kaffee oder nur einen kleinen Espresso?
123 Herdwärme optimal ausgenutzt?
124 Die Wahl des sparsamen Herdes
125 Wann ist der Kuchen endlich fertig?
126 Der Koch lebt nicht vom Herd allein.
128 Den Kühlschrank beim Kühlen unterstützen!
129 Kostbare Kälte im Kühlschrank halten!
130 Wie bleibt der Kühlschrank noch ganz dicht?
131 Ein Kühlschrank mags nicht heiß.
132 Eisberge im Gefrierfach?
133 Wie kann ich die Garzeit von Kartoffeln reduzieren?
134 Wann kocht endlich das Nudelwasser?
135 Brauche ich die Butter noch mal?

Energiesparen Outdoor

140 „Es regnet, es regnet, die Dächer werden nass."
142 Schlauer Strom im Garten
144 Eine Solaranlage auf dem Balkon?
146 Laut, umweltschädlich, tötet kleine Tiere?

Energiesparen Technik

- **152** Weniger Handwerker – mehr Technikfreund?
- **154** Alte Haushaltsgeräte und Elektronik austauschen?
- **156** Spielt die Größe wirklich eine Rolle?
- **158** Wie finde ich versteckte Stromfresser?
- **160** Energie fürs E-Auto?
- **162** Strom beim Drucken sparen?
- **163** Telefonieren mit der Kraft der Sonne?
- **164** Ist Stromsparen auf Knopfdruck möglich?
- **165** Verbraucht das Ladegerät Strom, wenn der Akku voll ist?
- **166** Locken ohne Lockenstab?

Energiesparen beim Waschen

- **172** Deine Lieblingsjeans mag es einsam?
- **173** Mit welchem Programm wäscht es sich am besten?
- **174** Was Waschmaschinen lieben
- **176** Braucht's die Wäsche wirklich heiß?
- **177** Noch mehr Energie beim Waschen sparen?
- **178** Benötigt Kleidung wirklich eine Vorwäsche?
- **179** Schon wieder ab in die Wäsche?
- **180** Wäsche im Winter trocknen?
- **181** Wer bügelt schon gern?
- **182** Energiefresser Wäschetrockner!
- **183** Total verkalkt?

- **186** Register
- **188** Bildnachweis
- **189** Über den Autor & Dank
- **192** Impressum

A
Allgemein

Energiesparen

Mein Energieverbrauch – wer hilft beim Check?

Guter Rat macht's billig

Richtig gründlich gehst du möglicher Energieverschwendung im Haushalt mit dem Rat unabhängiger Fachleute auf den Grund.

Eine einfache Energiesparberatung bei den Verbraucherzentralen kostet wenig (bei Hausbesuchen) bis gar nichts (Hotline oder online), lohnt sich also in jedem Fall. Die Beratung ist online, telefonisch oder persönlich möglich (*verbraucherzentrale-energieberatung.de*). Der sogenannte Stromspar-Check der Caritas (*www.caritas.de/glossare/stromspar-check*) ist ein kostenfreies Angebot für Bezieherinnen und Bezieher sozialer Leistungen und niedriger Einkommen.

Hier besuchen ausgebildete Stromsparhelfer die Haushalte, tauschen Energiefresser aus und senken so die Energiekosten durchschnittlich um 172 € pro Jahr. Neben einer intensiven Beratung werden auch einfache technische Helferlein wie ausschaltbare Steckerleisten, LED-Lampen und Wasserspar-Vorrichtungen kostenlos zur Verfügung gestellt. Ein Check lohnt sich!

Stimmt die Gesamtbilanz?

Das Große Ganze im Blick!

Nicht nur die Energieeffizienz in der Nutzungsphase zählt.

Bei dem Austausch eines Gerätes solltest du dessen gesamte Umweltbilanz betrachten, also nicht nur den Energiebedarf, der im Haushalt entsteht, sondern auch den, der zur Herstellung des Gerätes benötigt wird. Beispiel Kühlschrank: Tauschst du ein zehn Jahre altes Gerät gegen ein maximal effizientes Gerät (A+++) aus, dann gleicht der geringere Stromverbrauch des neuen Kühlschranks die zu seiner Herstellung benötigte Energiemenge nach ca. fünf Jahren aus. Erst ab dann wird in der Gesamtbilanz Energie eingespart. Sieh dir also das Einsparpotenzial genau an (www.co2online.de) – ist das bei einem Kühlschrank noch recht groß, so wäre es bei einer Waschmaschine sehr viel geringer (jährliche Einsparung ca. 30 €).

Welche Verpackung nehme ich?

Verzichte auf Alu-Produkte.

Nimm möglichst Verpackungen ohne Alubeschichtung.

Für jedes hergestellte Kilogramm Aluminium braucht es 14 kWh Strom. Darum solltest du Produkte aus Aluminium vermeiden oder wiederverwerten. Alufolie zum Einpacken von Lebensmitteln ist z. B. nicht sinnvoll, da es nicht gleichwertig wiederverwertet werden kann. Prüfe beim Einkauf immer, ob du auf ein Produkt ohne oder in einer umweltfreundlicheren Verpackung ausweichen kannst. Kaufe keine Getränkedosen, sie sind oft aus Alu (anders als Konservendosen, die fast immer aus Weißblech bestehen). Gelänge es uns, nur die Hälfte der in Deutschland jährlich produzierten etwa 1,5 Millionen Tonnen Aluminium einzusparen, ließen sich rund 10 Milliarden kWh Strom (14.000 kWh pro Tonne) einsparen.

Vertrauen ist gut, Kontrolle ist besser?

So behältst du den Überblick!

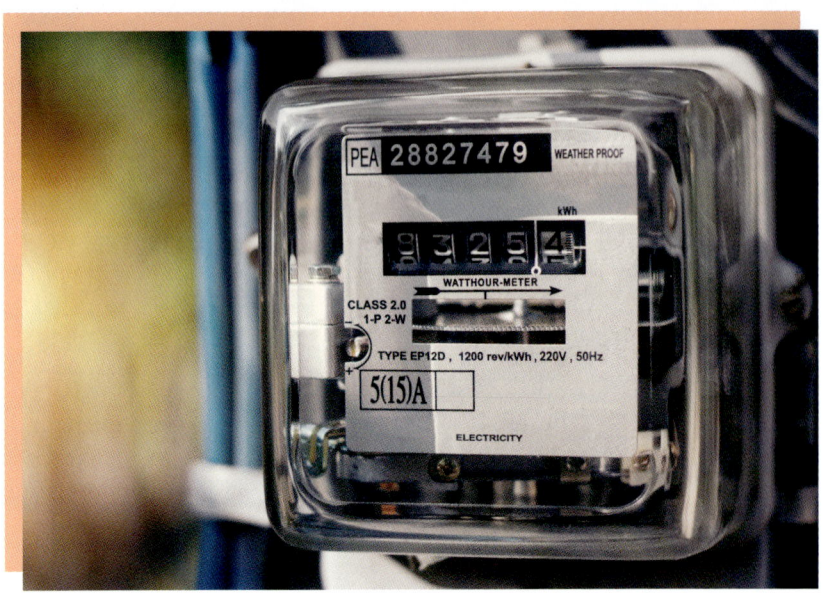

Mithilfe einer App den Stromverbrauch aufspüren und schon allein mit dem Wissen um die Verbrauchsgewohnheiten Geld sparen.

Mit der „Energie-Check"-App kontrollierst du ganz unkompliziert deinen Stromverbrauch bzw. dessen Entwicklung über die Zeit. Den aktuellen Zählerstand gibst du per Scan (nur iOS), manuell oder auch per Sprachbefehl (ebenfalls nur iOS) in die App ein. Anschauliche Diagramme zeigen dir dann die Entwicklung deines Stromverbrauchs über die letzte Woche, den letzten Monat oder das letzte Jahr. Die Erinnerungsfunktion sorgt dafür, dass du daran denkst, regelmäßig den Zählerstand zu überprüfen. Mit der App können auch mehrere Zähler sowie verschiedene Haushalte, Photovoltaikanlagen und Fahrzeuge verwaltet werden. Die App kann über die Website *www.co2online.de/service/energiesparapp* sowohl für Android als auch für iOS heruntergeladen werden.

Wie schaffe ich es, Energiefresser gar nicht erst zu benutzen?

Finde Alternativen zu deiner Zeit vor dem TV oder Computer!

Wer nicht zu Hause ist, braucht auch keine Wärme und keinen Strom.

Freizeit kannst du anders verbringen als vor der Glotze. Ein ausgiebiger Abendspaziergang oder Besuche bei Freunden und Nachbarn sorgen dafür, dass alle stromfressenden Geräte ausgeschaltet bleiben und du sogar noch etwas für deine Gesundheit und deine sozialen Kontakte tust. Lebst du mit deiner Familie oder Mitbewohnern zusammen, sind gemeinsame Aktivitäten ebenfalls echte Strom- und Wärmesparer, weil nicht jeder mit Licht und Musik an seinem Rechner im eigenen Zimmer hockt. Ein gemeinsamer Spiele- oder Aktivitätenabend versammelt euch in einem Raum und reduziert Strom. Ein Tipp klingt ganz banal, senkt deine Energiekosten aber enorm: Ein früheres zu Bett gehen senkt den Stromverbrauch. Die genauen Einsparungen sind hier allerdings nicht genau zu beziffern, da dein persönliches Verhalten jeden Tag differiert.

Wechseln lohnt immer!

Mit Ökostrom mittelfristig Kosten in Schach halten

Der Umstieg auf erneuerbare Energien schützt vor steigenden Preisen für fossile Brennstoffe.

Ökostrom verspricht einen geringeren CO_2-Ausstoß bei der Energiegewinnung – dank Einsatz der erneuerbaren Energien aus Wind und Sonne. Die CO_2-Bilanz von erneuerbaren Energien wird mit 0 Kilogramm angegeben, weil bei der Entstehung selbst kein CO_2 ausgestoßen wird. Bei der Produktion und dem Bau der Anlagen entstehen trotzdem Emissionen, die in der Gesamtbilanz berücksichtigt werden. Im Vergleich zu anderen Energieträgern wie Kohle oder Gas bleibt der Ausstoß von Treibhausgasen bei der Ökostromproduktion insgesamt aber sehr gering. Ein Umstieg auf Ökostrom ist daher sinnvoll. Eines solltest du beachten: Nicht überall, wo Ökostrom draufsteht, ist auch klimaneutrale Energie drin; der Begriff ist in Deutschland nämlich nicht geschützt. Deshalb achte auf die richtigen Gütesiegel wie das ok-Power-Label, das Grüner Strom-Label und EcoTopTen-Stromprodukte des Öko Instituts e. V. (Freiburg).

Ein Wechsel ist übrigens einfach: Ist der neue Anbieter einmal gewählt und der Antrag abgeschickt, übernimmt der neue Anbieter alles weitere für dich – auch die Kündigung beim bisherigen Anbieter zu den entsprechenden Vertragsfristen. Du kannst dich also entspannt zurücklehnen!

Stromsparen im Schlaf?

Auch im Bett kann Energie eingespart werden.

Ärztinnen und Ärzte raten zu einer Schlafzimmertemperatur von unter 20 °C in den Wintermonaten.

Auch wenn wir es in der kalten und dunklen Jahreszeit mollig warm lieben, ist es nicht immer ratsam, die ganze Nacht hindurch den Heizkörper aufgedreht zu lassen. Das ist erstens ungesund, zweitens profitierst du von der Heizungswärme während des Schlafs gar nicht mehr richtig, und drittens wird auf diese Weise unnötigerweise Energie verschwendet. Natürlich solltest du auch im Winter vor dem Einschlafen und die Nacht hindurch nicht frieren müssen. Ein einfacher Trick hier ist die gute alte Wärmflasche.

Viel Wind für wenig Kohle?

Lieber Ventilator statt Klimaanlage

Ventilatoren sind günstiger in der Anschaffung als Klimaanlagen und benötigen auch im Betrieb deutlich weniger Strom.

Stecker in die Steckdose – fertig! Bei Ventilatoren müssen keine Löcher gebohrt oder Aufhängungen montiert werden. Die Geräte können nach Belieben dort aufgestellt werden, wo sie gerade benötigt werden. Die einzige Begrenzung ist die Länge des Kabels. Im Vergleich dazu sind Klimaanlagen viel teurer. Während Ventilatoren ca. 40 W pro Stunde verbrauchen, sind es bei Klimageräten je nach Größe ca. 1.000 W pro Stunde. Ventilatoren findest du in Elektronik-Fachgeschäften, Baumärkten oder online.

Notizen

Damit fange ich an

Energiesparen
B im
Badezimmer

B

Energie beim Duschen sparen?

Ein kleinerer Kopf machts möglich.

Bei der Warmwasserbereitung geht im Haushalt ein Großteil des Energiebedarfs für das Duschen drauf, nämlich etwa 13 %. Da hilft ein Sparduschkopf.

Mit einem Sparduschkopf lassen sich bis zu 50 % Energie einsparen. Wassersparende Duschköpfe arbeiten im Grunde wie ein Durchflussbegrenzer, der die Menge an Wasser, die pro Minute durch die Handbrause fließt, einschränkt.

Das Wasser wird mit hohem Druck herausgepresst, durch Luftbeimischung merkt man beim Duschen den Unterschied zum normalen Duschkopf kaum. Wassersparende Duschköpfe gibt's in jedem Fachhandel, oft schon ab 20 €. Den

Austausch kannst du leicht bewerkstelligen.
In der Küche hilft ein sparsamer Strahlregler, den Energiefluss deutlich zu senken. Das Set gibt's ab etwa 3 € zu kaufen. Mit einem mitgelieferten Universalschlüssel oder einer Zange kannst du ihn einfach an allen gängigen Wasserhähnen installieren.

Was tun bei hoher Luftfeuchte?

Einfaches Kochsalz ersetzt Stromfresser.

Hohe Luftfeuchtigkeit im Bad kann zu Schimmel führen. Die üblichen Geräte zur Entfeuchtung fressen jedoch viel Strom. Ein altes Hausmittel hilft.

Verwende keinen Heizlüfter oder Luftentfeuchter, um die Feuchtigkeit aus dem Badezimmer zu verbannen. Ein einfacher Haushaltstipp hilft völlig ohne Strom: Fülle mehrere Schälchen bis zu einer Höhe von fünf Zentimetern mit Salz. Das Salz entzieht der Luft ihre Feuchtigkeit. Dabei füllen sich die Schalen in den nächsten Tagen solange mit Wasser, bis der letzte Salzkristall darin aufgelöst ist. Das Wasser kannst du danach weggießen und den Prozess wiederholen.

Ein heißes Vollbad im Winter – eine echte Wohltat!

Dann aber die Restwärme optimal nutzen.

Ein Bad in der Wanne verursacht deutlich höhere Kosten als eine kurze Dusche. Falls du dich trotzdem dafür entscheidest, solltest du das noch warme Wasser nicht sofort ablassen.

Lass das warme Badewasser einfach länger in der Wanne stehen. Durch die Verdunstung wird die Luft feuchter, was sich für dich wärmer anfühlt. Dann kannst du die Heizung eine Stufe runterdrehen, bis das Wasser vollständig abgekühlt ist. Eine Raumluftfeuchte zwischen 40 und 60 % ist ideal. Öffne die Badezimmertür, sodass sich die feucht-warme Luft in der Wohnung ausbreiten kann. So vermeidest du auch Schimmelbildung im Bad.

Vom Hahn direkt in den Abfluss?

200 ml Wasser im Becher – genug zum Zähneputzen!

Der gute alte Zahnputzbecher ist nicht nur ein schickes Accessoire, sondern hilft auch beim Wasser sparen.

Halten wir uns beim Zähneputzen streng an die 2-Minuten-Regel, läuft auch 2 Minuten das Wasser nahezu ungenutzt in den Abfluss. Während des Zähneputzens muss das Wasser nicht ständig laufen. Wenn du einen Zahnputzbecher füllst, reicht die Menge von 200 ml zum Spülen völlig aus. Wenn du dann noch kaltes statt warmes Wasser nimmst, sparst du nochmals Energie. Besser als ein Plastikbecher ist übrigens ein Glas. Oft haben Zahnputzbecher eine raue Oberfläche. Dort können sich Bakterien absetzen.

20 l Wasser für einmal Einseifen?

Dreh das Wasser öfter ab!

Nass machen, einseifen, abspülen und nebenher Happy Birthday singen.

Beim Duschen und Händewaschen solltest du den Wasserhahn zudrehen, wenn du Körper und Hände einseifst. Dabei sparst du Energie und Wasser. Damit es noch einfacher geht, werden im Handel Duschen mit Wasserstopp-Knöpfen angeboten, mit denen du den Wasserstrahl einfach ab- und wieder anstellen kannst, ohne dass die eingestellte Temperatur verändert wird. Fürs Waschbecken gibt es elektronische Wasserarmaturen, die dafür sorgen, dass Wasser nur fließt, wenn jemand seine Hände darunter hält.

Was kann ich bei alten Boilern verbessern?

Die richtige Einstellung und Pflege sparen bares Geld.

Ist ein Austausch deines alten Boilers nicht möglich, helfen dir diese Tipps.

Du heizt dein Wasser mit einem elektrischen Boiler auf? Dann solltest du diesen einmal genauer unter die Lupe nehmen. Denn die elektrische Wasseraufbereitung kann sich ganz schnell als regelrechte Kostenfalle entpuppen. Hauptkomponente eines Elektroboilers ist ein Wassertank, in dem das Wasser über einen integrierten Heizstab aufgewärmt wird.

- Reduziere die Wassertemperatur des Boilers auf 60 °C. So ist das Wasser immer noch warm genug und du sparst Energie.

- Schalte den Boiler bei Nichtbedarf aus. So verhinderst du, dass das Wasser permanent warmgehalten und unnötiger Strom verbraucht wird. Tipp: Mit einer Zeitschaltuhr kannst du die Heizzeiten regeln, z. B. am Morgen zwischen 6 und 9 Uhr und am Abend zwischen 20 und 22 Uhr.

- Kalk bildet eine Schicht um den Heizstab im Inneren des Speichertanks und verlangsamt so die Wärmeabgabe. Deshalb solltest du deinen Boiler alle zwei Jahre entkalken. Hat dein Modell eine Reinigungsöffnung, kannst du das selber machen. Ist dies nicht der Fall, übernimmt das ein Fachbetrieb für 200 bis 300 €.

B

Reicht die Sonneneinstrahlung auch für Warmwasser?

Solarthermie erwärmt das Brauchwasser indirekt.

Übers Jahr gesehen kann eine Solarthermie-Anlage bis zu 60 % der Warmwasserkosten einsparen.

Eine günstige Möglichkeit, das Warmwasser deines Haushalts auf nachhaltige Art zu erwärmen, ist eine Solarthermie-Anlage. Durch die auf der Südseite des Daches installierten Kollektoren erwärmt sich in der Anlage eine spezifische Flüssigkeit, die über ein Röhrensystem im System zirkuliert: Die warme Flüssigkeit wandert nach unten und gibt die Wärme an einen Solarspeicher (z. B. im Keller) ab, in dem sich dein Brauchwasser befindet. Von Mai bis September kannst du deinen Warmwasserbedarf zu 100 % über die Solarthermie decken, zwischen Oktober bis April allerdings kaum. Im Jahresdurchschnitt ergibt sich dennoch bei den Warmwasserkosten ein Einsparpotenzial von 60 %. Solarthermie für ein durchschnittliches Einfamilienhaus kostet im Schnitt rund 5.000 € für Warmwasser und 10.000 € für Heizung und Warmwasser. Eine Amortisation dieser Kosten ist je nach Größe nach 18 bis 22 Jahren zu erwarten.

B

Warmwasser im Vorbeifließen

Durchlauferhitzer produzieren nur bei Bedarf Warmwasser.

Durch ihre Funktionsweise sind Durchlauferhitzer wesentlich effizienter als Boiler.

Durchlauferhitzer werden – ebenso wie Boiler – zur Warmwasseraufbereitung verwendet. Allerdings fehlt ihnen der Speicher, in dem das Wasser erwärmt wird, denn wie der Name schon sagt, erwärmen Durchlauferhitzer das Wasser beim Durchlaufen. Wenn du die Dusche aufdrehst, registriert das Gerät einen Bedarf, beginnt mit der Wassererhitzung und bereitet das warme Duschwasser (nur) so lange auf, wie du es brauchst. Um die Effizienz noch weiter zu steigern, achte auf Folgendes:

- Lege die gewünschte Wassertemperatur fest (etwa 40 °C).

- Verwende Sparduschköpfe.

- Entkalke deinen Durchlauferhitzer alle zwei Jahre. Dazu musst du nach der Bedienungsanleitung dein Gerät auseinandernehmen und alle wasserberührenden Teile über Nacht in Essig einlegen.. Wichtig: Stecker raus oder Sicherung rausnehmen und gegen Wiedereinschalten sichern.

- Neuere Modelle sind deutlich energieeffizienter: Tausche dein altes Gerät gegebenenfalls aus.

Warum ist weniger Wasser mehr?

Duschen statt Baden

Durch Baden wird viel Warmwasser verbraucht, was zusätzliche Heizleistung erfordert und mehr CO_2 verursacht.

Für ein Vollbad benötigst du etwa dreimal so viel Wasser und Energie wie für eine Dusche. Beim Duschen werden mit einem sparsamen Duschkopf pro Minute nur 8 l Wasser benötigt, das macht bei einer Duschzeit von 5 Minuten 40 l pro Dusche. In eine durchschnittliche Badewanne passen dagegen etwa 150 l – das entspricht etwa dem täglichen Haushaltsverbrauch an Wasser pro Person. Wenn du statt wöchentlich zu baden duschst, kannst du jährlich rund 5.700 l Wasser und knapp 20 l Heizöl einsparen.

Notizen

Damit fange ich an

Energiesparen H im Haus

Hilft ein Mantel für Heizungs- und Warmwasserrohre?

Schon auf dem Transportweg kann Wärme verloren gehen.

Heizungsrohre oder Warmwasserleitungen führen oft durch unbeheizte Räume oder Keller.

Sind sie nicht oder nicht ausreichend isoliert, verlieren sie über ihre Länge relativ viel Wärme. Passende Rohrisolierungen aus leichtem und geschäumtem Polyethylen (PE) bekommst du für etwa 4 € pro Meter für alle Rohrdurchmesser. Wichtig: Isoliere auch T-Anschlüsse und 90°-Bögen, die du aus den Röhren ganz einfach selbst zuschneiden kannst. Eine vollständige Ummantelung aller freiliegenden Warmwasserleitungen reduziert den Energieverlust um bis zu 80 % und kostet im Verhältnis zum Nutzen nur wenig.

Mehr Grün auf den Dächern?

Gründächer für bessere Dämmung!

Grünflächen auf dem Dach begrenzen die Überhitzung der Städte. Der Nutzen für den Hausherrn ist noch größer.

Ein begrüntes Dach bringt viele Vorteile, denn es verbessert sowohl deine Dachdämmung als auch den Hitzeschutz im Sommer merklich. Eine energiefressende Klimaanlage kannst du dir also trotz 35 °C Außentemperatur sparen. Prinzipiell kann jedes Dach begrünt werden, allerdings musst du einen Statiker zurate ziehen, der die Dachkonstruktion für die zusätzliche Belastung durchrechnet und eventuell nötige Verstärkungsmaßnahmen am Dach plant. Einige Gründach-Systeme sind auch für Heimwerker geeignet.

Muss es immer die große Dämmlösung von außen sein?

Die Oberflächentemperatur von Außenwänden

Um die Oberflächentemperatur zu erhöhen, braucht es keinen großen Aufwand. Wenn dein Haus keine Außendämmung hat, ist eine Innendämmung für die Wohnräume eine gute Lösung.

Neben den aufwendig zu spachtelnden kapillaraktiven Bauplatten gibt es leicht zu verarbeitende Alternativen wie Dämmplatten und Dämmtapeten. Die Tapeten sind 4–5 mm dick, Platten gibt es bis 10 mm Stärke. Sie bestehen aus gut dämmenden, weil aufgeschäumten Kunststoffen wie EPS (expandierter Polystyrolschaum) oder Neopor. Die Platten oder Tapeten klebst du einfach mit einem

Styroporkleber an die Wand. Die Räume werden schneller warm und Wärmeverluste werden stark reduziert. Die höhere Oberflächentemperatur der Außenwände erschwert es zudem den Schimmelsporen, sich hier niederzulassen. Es empfiehlt sich, Dämmtapeten vor dem Streichen mit einem Renoviervlies zu bekleben.

Zieht's durch den Rollladenkasten?

Rollladen dämmen schafft Abhilfe.

Während wir uns im Sommer über jedes kühle Lüftchen freuen, kommt im Winter bei dem Gedanken daran schon Gänsehaut. Damit das nicht passiert, einfach die Fenster dämmen.

Ähnlich wie Heizungsnischen sind die Bereiche über den Fenstern durch die eingebauten Rollladenkästen echte Dämm-Schwachstellen.
Ungedämmte Rollladenkästen sind wahre Einfallstore für die Kälte.

Zugluft und eine permanente Schimmelgefahr sind weitere unangenehme Nebeneffekte. Mit Dämm-Sets oder Matten, die auch nachträglich in die Kästen eingesetzt werden können, kannst du diese energetischen Schwachstellen schließen. Der Einbau ist für Heimwerker gut zu bewerkstelligen: Kasten öffnen und Rollladen herunterlassen. Dann den Innenraum des Kastens ausmessen, die Dämmung entsprechend zuschneiden und einfügen. Die Übergänge werden mit Dichtband verklebt und die Matten gegebenenfalls mit Montagekleber angeklebt.

Das brauchst du:

- Rollladenkasten-Dämmung, etwa von Roma, Selit oder Beck+Heun

- Maßband, Cutter-Messer und Stift für den Zuschnitt

- Dichtband zum luftdichten Abkleben, ist meistens in Dämm-Sets enthalten

Die Wohnung ist warm, aber die Füße sind kalt!

Was kann ich tun?

Um die Oberflächentemperatur des Bodens in einen angenehmen Bereich zu bringen, musst du in den Keller.

Die nachträgliche Dämmung der Kellerdecke spart nicht nur Energie und Heizkosten, sie sorgt auch für warme Füße und für ein angenehmes Klima in den Wohnräumen im Erdgeschoss. Das Verkleben der Dämmplatten kannst du ohne großen Material- oder Kostenaufwand selbst durchführen, die meisten Dämmplatten müssen allerdings zusätzlich in der Kellerdecke verdübelt werden. Als Faustregel beim Dämmen der Kellerdecke gilt: Das Dämmmaterial sollte mindestens 8 cm dick sein, hierbei aber unbedingt auf die Raumhöhe im Keller achten. Als Dämmmaterial eignen sich Hartschaumplatten, aber auch Mineralwolle-Dämmplatten aus Steinwolle. Eine Kellerdeckendämmung rechnet sich immer, auch weil nicht zwingend Handwerker dazu gebraucht werden.

Umrüsten auf LED?

Ja und nochmals ja!

Der Siegeszug der LED-Leuchten hat einen einfachen Grund: Sie sind einfach extrem sparsam.

Die Zeit der Glühbirne ist längst vorbei, auch die der Halogen-Leuchten. Die Leuchtdiode LED ist eindeutig am wirtschaftlichsten. Für jede Fassung und jeden Einsatzzweck findet man die passende LED-Leuchte, auch für das früher so geschätzte warm-weiße Licht der Halogenstrahler. Sie ist zwar das teuerste Leuchtmittel, aber durch den geringen Energieverbrauch und die lange Lebensdauer macht sich die Anschaffung bezahlt. Beispiel: Tauschst du zehn Stück 35-Watt-Halogen-Leuchten gegen 5-Watt-LEDs, sparst du bei einer Brenndauer von zwei Stunden pro Tag und einem Strompreis von 29 ct/kWh pro Jahr etwa 70 € Stromkosten ein.

Festbeleuchtung ist out

Licht aus, Tür zu

Wenn niemand daheim ist, braucht auch kein Licht zu brennen!

Eilig das Haus verlassen und nicht daran denken, noch einmal zu prüfen, ob alle Lampen ausgeschaltet sind? Das passiert schnell mal. Die perfekte Ausrede lautet dann oft: „Das schreckt die Einbrecher ab." Jeder Profi auf dem Gebiet wird über diese Maßnahme jedoch vermutlich nur müde lächeln. Denn es lässt sich relativ schnell beobachten, ob sich jemand in der Wohnung aufhält oder nicht. Diesen unnötigen Stromverbrauch kann man sich demnach getrost sparen. Es lohnt sich also, vor dem Verlassen des Hauses zu schauen, ob alle Lichter ausgeschaltet sind. So tust du nicht nur dem Geldbeutel, sondern auch der Umwelt etwas Gutes.

Eine komplette Dachsanierung ist zu kostspielig?

Alternative Dämmart macht's möglich!

Das Dämmen der obersten Geschossdecke verhindert, dass die Wärme nach oben hin entweicht.

Wenn du die letzte Etage im Dachgeschoss, meist der Spitzboden, weder jetzt noch in absehbarer Zeit bewohnst, kannst du statt der Dachflächen auch nur die oberste Geschossdecke dämmen. Bei dieser Dämmart werden Dämmelemente (Mineralwolle, EPS, Holzfaser) auf dem Boden ausgelegt. Ist es ein Holzboden, ist eine Dampfbrems-Folie erforderlich, die verhindert, dass feuchte Luft vom darunterliegenden Geschoss in der Dämmung kondensiert. Bei Betondecken kann die Dampfbremse entfallen. Die Voraussetzung für diese relativ einfache Form der Dämmung ist eine Überprüfung durch den Statiker (Kosten zwischen 500 und 800 €). Bei einer Holzbalkendecke kann, je nach Stärke der Balken und bereits vorhandener Dämmung, die zusätzliche Dämmschicht auch zwischen die Balken geklemmt werden.

H

Was kann man denn von innen machen?

Isolieren ist hier das Zauberwort!

Isolierende Vorhänge und Rollos sind in ihrer Wirkung nicht zu unterschätzen. Hier gilt: die Menge machts.

Bei vielen Energiespartipps wirken die Einsparpotenziale auf den ersten Blick oft marginal, allerdings macht es dann oft die Summe der nachgedämmten Bauteile, die den Spareffekt erzeugt und nicht zu unterschätzen ist. Hier einige Beispiele:

Isolierte Rollläden:
Bei älteren doppelverglasten Fenstern lass im Winter die Rollläden herunter – so entweicht weniger Wärme. Muss ein Rollladen ausgetauscht werden, greife zu Modellen mit einer Schaumfüllung, sie haben eine gute Dämmwirkung.

Fenster-Isolierfolie:
Die transparenten Hightech-Folien verbessern den Isolationswert der Fenster, denn Kunststoff isoliert besser als Glas. Effekt: weniger Wärmeverlust im Winter, weniger Hitze und UV-Strahlung im Sommer. Mit rund 90 €/m² allerdings nicht ganz günstig (All Seasons von 3M).

Thermovorhänge:
Man kennt es von Eingängen zu Restaurants: Dicke, schwere Vorhänge halten Kälte und Zugluft draußen. Auch im Eigenheim kann das praktisch sein. Von Monofaktur etwa gibt es Filzvorhänge in Standard- und Individualmaßen. Vor großen Glastüren halten sie Winterkälte spürbar ab.

Wie oft soll ich meine Heizungsanlage checken lassen?

Regelmäßig dranbleiben!

Wie beim Auto hilft die regelmäßige Wartung der Heizung dabei, Energie möglichst effizient zu nutzen.

Eine Heizungsanlage läuft optimal, wenn alle Komponenten aufeinander abgestimmt sind und einwandfrei funktionieren. Damit das bei deiner Heizung auch so bleibt, solltest du die Anlage einmal im Jahr warten und reinigen lassen.

Auch solltest du zweimal im Jahr die Heizkörper kontrollieren und gegebenenfalls entlüften sowie die Einstellungen der Regeleinheit überprüfen. Ein hydraulischer Abgleich ist dann fällig, wenn du Veränderungen an der Gebäudehülle, einen Heizungskesseltausch oder Veränderungen, die sich auf den Wärmebedarf deines Hauses auswirken, vorgenommen hast. Beim hydraulischen Abgleich werden die Teile des Heizungssystems wieder optimal aufeinander abgestimmt, sodass in jedem Raum genau die Wärmemenge ankommt, die benötigt wird.

Bye-bye alte Heizung ...

Manchmal hilft ein radikaler Neuanfang!

Eine neue Heizung hat sich bei den momentanen Energiepreisen schnell amortisiert.

Deine Heizung ist alt, ineffizient oder überdimensioniert? Dann kannst du mit einer neuen Heizung bis zu 30 % der Heizenergie einsparen. Wenn einer der folgenden Faktoren auf deine Heizung zutrifft, ist dringend ein Austausch angesagt:

- Der Heizkessel ist älter als 20 Jahre.
- Beim Anfassen ist er immer sehr warm.
- Der Schornsteinfeger ermittelt hohe Verluste über die Abgase.
- Das Gebäude wurde gedämmt, der Kessel ist überdimensioniert.

- Der Kessel zeigt äußerliche Schäden.

Ist noch eine alte, ungeregelte Heizungspumpe verbaut, solltest du diese umgehend auswechseln. Alte Heizungspumpen laufen ständig auf Volllast, auch wenn die Heizung ausgeschaltet ist. Eine neue Heizungspumpe läuft nur bei Bedarf und regelt die Drehzahl in Abhängigkeit vom Wärmebedarf.

Schlechte Luft in den eigenen vier Wänden?

Gegen schlechte Innenraumluft gibt es Lösungen!

Ist dein Haus gedämmt und luftdicht verpackt, brauchst du eine nutzerunabhängige Lüftung.

Sind die Fenster erneuert oder abgedichtet, findet weniger unkontrollierter Luftaustausch statt. So verliert man zwar weniger Heizenergie, muss nun aber gezielter lüften. Eine Lüftungsanlage kann den kontrollierten Luftaustausch übernehmen. Lüftungsanlagen mit einem bereits integrierten Wärmetauscher reduzieren den Wärmeverlust beim Lüften. Moderne Wärmetauscher führen warme Luft nach außen, gleichzeitig Frischluft nach innen. Ein Keramikbauteil im Inneren wird durch die Warmluft erwärmt und gibt diese

Wärme an die im zweiten Kanal vorbeiströmende Frischluft ab. In großen Räumen können auch mehrere Wärmetauscher eingebaut werden, die dann miteinander vernetzt werden. Für den Einbau brauchst du lediglich eine Kernbohrung (160–180 mm Durchmesser) in der Außenwand, die du auch mit einem im Baumarkt gemieteten Bohraufsatz selber machen kannst.

Ist nachträgliches Dämmen möglich?

Ja, möglich und sinnvoll!

Ideal ist es, wenn dein Gebäude von der Dämmung regelrecht „eingehüllt" wird. Viele der Hüllflächen kannst du durchaus selber dämmen.

Ohne eine gute Dämmung geht über die Außenhülle eines Gebäudes viel Wärme verloren. Zu dieser Hülle zählen die Dachflächen, die Fassade, aber auch der Sohlbereich unter dem Haus (der kann allerdings nicht nachträglich gedämmt werden). Planst du Dämmungsmaßnahmen am Haus, kann es lohnenswert sein, sich über staatliche Zuschüsse zu erkundigen. Auf der Website der Kreditanstalt für Wiederaufbau (KfW) wirst du fündig.

Dachdämmung

Über ein schlecht gedämmtes Dach geht die meiste Heizenergie verloren. Für die Dämmung in diesem Bereich gibt es mehrere Möglichkeiten: Für eine Aufsparren-Dämmung muss das Dach abgedeckt werden. Bei der Zwischensparren-Dämmung wird das Dämmmaterial zwischen die Sparren geklemmt. Wichtig ist eine luftdichte Folie unterhalb der Dämmung.

Fassadendämmung und Fenstertausch

Auch über ungedämmte Fassaden und alte Fenster geht viel Wärme verloren. Bei einer Fassadendämmung solltest du deshalb auch an die Fenster denken. Fenster mit dreifacher Verglasung sind hinsichtlich des Dämmeffekts geringfügig besser als zweifach verglaste Fenster, aber auch nicht wesentlich teurer. Sie dürfen allerdings nicht in Häuser mit ungedämmter Fassade verbaut werden, da durch die Dichtheit die Schimmelgefahr rapide steigt. Neue Fenster haben im Gegensatz zu alten eine geringe Wärmedurchlässigkeit, die durch den U-Wert (U_G für das Glas, U_W für das gesamte Fenster) ausgedrückt wird. Ab einem U_W-Wert von 0,95 W/m²K (je kleiner, desto besser) wird der Fenstertausch mit 20 % der Gesamtkosten gefördert.

Dschungel an den Außenwänden?

Durchaus sinnvoll!

Kann eine Fassadenbegrünung eine Fassadendämmung ersetzen? Immergrüne Rankpflanzen sind eine sehr sinnvolle Ergänzung zur schon vorhandenen Dämmung des Hauses. Gut aussehen tun sie auch noch ...

Eine Fassadenbegrünung bietet die gleichen Einspareffekte wie die Dachbegrünung. Sie ist eine zusätzliche Dämmschicht, die im Winter die Wärme drin und im Sommer die Hitze draußen hält.

Die geeignete Bepflanzung ist bei der Fassadenbegrünung wichtig, denn nur mit den richtigen Pflanzen nutzt du die Vorteile voll aus. Die Westseite deiner Fassade ist den Witterungseinflüssen am stärksten ausgesetzt. Immergrüne Pflanzen wie Efeu, Geißblatt oder Spindelstrauch behalten ihre Blätter auch im Herbst und Winter und dämmen so deine Wand übers ganze Jahr. Auch bei verschatteten Fassaden ist eine Fassadenbegrünung möglich. Denn es gibt auch Pflanzen, die sich im Schatten wohlfühlen, wachsen und gedeihen. Akebie, Efeu und Clematis brauchen beispielsweise keine Sonne, bieten aber trotzdem eine Dämmwirkung.

Ist das Licht wirklich aus?

Bewegungsmelder verhindern Dauerbeleuchtung.

Das Licht geht nur an, wenn man es braucht und danach automatisch aus – Vergessen kannst du vergessen.

Eine Außenbeleuchtung vor dem Hauseingang ist nicht nur praktisch, sondern im Dunkeln auch sicherheitsrelevant für die Heimkehrer. Gerade wenn die Eingangstür von mehreren Personen benutzt wird, kann es vorkommen, dass jemand mal vergisst, das Licht auszuschalten. Damit das Licht nicht die ganze Nacht durchbrennt, kannst du einen Bewegungsmelder (für etwa 25 € im Baumarkt zu haben) im Eingangsbereich installieren, der die Leuchte(n) steuert.

Sobald eine Person in den Bereich des Sensors tritt, geht das Licht an und nach wenigen Minuten automatisch wieder aus. Die Dauer des „Nachlaufs" ist bei jedem Bewegungsmelder individuell einstell- und kontrollierbar. Ein Bewegungsmelder hat einen Eigenverbrauch von nur etwa 20 kWh pro Jahr, das entspricht in etwa einer 100-Watt-Birne, die eine Woche lang eingeschaltet ist.

Jedes Haus hat eine Schattenseite

Eine gute Dämmung hält Kälte und Schimmel fern.

Die Nordseite deines Hauses sieht die Sonne nie. Hier ist eine gute Dämmung – am besten an der Fassade – am wichtigsten.

Bei schmalem Geldbeutel ist es daher in Ordnung, nur diese eine Hauswand zu dämmen und den Rest ungedämmt zu lassen. Kalte Winterwinde haben keine Chance mehr, und zudem vermeidest du Schimmelbildung im Haus. Schimmel entsteht bei kalten Oberflächen, deren offene Porenstruktur die Feuchte aufnehmen können. Durch eine Außenwanddämmung erhöht sich die Oberflächentemperatur, sodass das Risiko sinkt, dass sich Schimmel bildet.

Du kannst an der Nordseite zum Schutz auch eine Reihe immergrüner Bäume und Büsche anpflanzen oder einen Windbrecher wie etwa Deutzien oder Forsythien installieren. So ist die Hausfassade einladend grün und hat gleichzeitig eine positive Wirkung.

Warme Luft steigt nach oben

Ein Deckenventilator sorgt für gleichmäßigere Wärme.

Ventilatoren sind nicht nur zum Kühlen da. Stelle den Schieberegler auf Winterbetrieb und dein Deckenventilator verteilt die angewärmte Heizungsluft optimal im ganzen Raum.

Gerade in Zimmern mit hohen Decken steigt so auch im bodennahen Bereich die gefühlte Temperatur und du kannst das Thermostat um ein bis zwei Stufen herunterdrehen. Besonders Ventilatoren mit Stromsparmotoren benötigen wenig Betriebsenergie, die bekommst du je nach Größe schon ab etwa 100 €. Die neuesten Energiesparmodelle verbrauchen lediglich 5 bis 23 W, je nach Geschwindigkeitsstufe. Aber auch ein Ventilator im mittleren Effizienzbereich verbraucht in etwa nur so viel Strom wie eine herkömmliche 100-Watt-Glühbirne. Idealerweise platzierst du den Deckenventilator mittig im Raum, um jede Ecke mit dem Luftstrom zu erreichen. Im Sommer wie im Winter einfach herrlich!

Sonnenwärme in die Nacht hinüberretten?

Im Dunkeln lässt es sich gut sparen.

Bei Dunkelheit die Rollläden oder Jalousien herunterlassen und die Vorhänge zuziehen.

Mit diesen einfachen, aber effektiven Maßnahmen bleibt die Wärme länger in den Räumen. Dann ist es auch ohne größere Einschränkungen möglich, bereits eine Stunde vor der Nachtruhe die Nachtabsenkung auf 15 °C einzuschalten. Klingt wenig, ist aber durchaus möglich, denn die Wärme kann nicht so schnell verfliegen. Das spart zusätzlich rund 25 % der Heizenergiekosten in der Nacht. Also ran an die Rollläden, Vorhänge und Jalousien – es lohnt sich!

Wärme „ab durch die Haustüre"?

Da hilft das doppelte Türchen.

Gerade bei schönen alten Haustüren aus Holz kannst du möglichen Wärmeverlust mit einfachen Mitteln reduzieren.

Dazu montierst du auf das vorhandene Türblatt innen eine zweite Türebene. Wichtig ist dabei, dass das Material für diese zweite Ebene aus einem möglichst leichten und dämmenden Baustoff bestehen sollte, also etwa eine Platte aus Polyurethan (bekommst du als Platte im Baustofffachhandel). Du kannst auch einen mit Trennwanddämmung gefüllten Hohlkasten aus Holzleisten bauen und von innen auf der Haustür verschrauben. Mit ein bisschen Dispersionswandfarbe lässt sich die Optik an das vorhandene Türblatt anpassen. Ideal ist es, wenn du eine Befestigungsart deiner zweiten Ebene wählst, die möglichst wenige Spuren hinterlässt (z. B. mit Montagekleber aus der Kartusche, ab 12 €), falls du das ganze später wieder entfernen möchtest, etwa in einer Mietwohnung.

Historische Fenster optimieren

Ein Komplettaustausch ist nicht immer nötig.

Alte und historische Fenster haben oft nur eine Einfachverglasung, über die sehr viel Wärme nach draußen verloren geht.

Wenn du aus optischen Gründen oder weil der Denkmalschutz dagegen steht auf einen Komplettaustausch verzichten möchtest, gibt es nur noch eine effektive Möglichkeit der energetischen Verbesserung: Hierfür musst du eine zweite, komplett neue thermische Ebene einbauen. Bei dieser Lösung bleibt das alte Fenster weitgehend unangetastet, aber auf der Innenseite wird in die Fensterlaibung ein zusätzlicher Fensterflügel mit einer Dreifachverglasung eingebaut.

Eine solche Lösung entkoppelt die „historische" von der „thermischen" Ebene. Wenn du schon mal ein Fenster montiert hast, ist diese Lösung ideal für dich, denn du bezahlst nur das auf Maß gefertigte Fenster. Je nach Größe, Material und Ausstattung, die du dir auf den entsprechenden Websites selbst konfigurieren kannst, zahlst du für ein modernes dreifach verglastes Fenster ab etwa 150 €.

Wärme, die durch die Decke geht?

Das muss nicht sein!

Oberlichter als Energiefresser kannst du mit Hohlkammern „unterfüttern".

Oberlichter versorgen den Innenraum mit Tageslicht. Die älteren Modelle sind meist einfachverglast, sodass viel teure Wärmeenergie darüber verloren geht. Das Problem kannst du einfach lösen, ohne auf Tageslicht zu verzichten. Dazu ziehst du unter dem Oberlicht eine zweite Ebene aus 16-mm-Doppelstegplatten (transparente, doppellagige Kunststoffplatten) ein. So erreicht das Tageslicht weiterhin den Raum, allerdings reduzieren sich die Wärmeverluste durch die dämmenden Eigenschaften der Hohlkammern. Doppelstegplatten lassen sich mit einer Handkreissäge an fast jede stabile Öffnung zuschneiden, in manchen Baumärkten gehört der Zuschnitt auch zum Service. Im Vergleich mit Glas haben sie kaum Eigengewicht und können einfach befestigt werden. Die dazu verwendeten F- und H-Profile sowie die 16-mm-Doppelstegplatten bekommst du im Baumarkt.

Notizen

Damit fange ich an

Energiesparen beim Heizen

Warum den Heizkörper verstecken?

Bitte freimachen!

Damit dein Heizkörper effizient mit dem Warmwasser umgehen kann, darfst du ihn nicht zustellen oder verdecken.

Heizkörper brauchen viel Luft um sich herum, denn sie arbeiten mit Luftzirkulation. Möbel solltest du daher nicht direkt vor den Heizkörper stellen, denn dann ist die Luftzirkulation deutlich beeinträchtigt. Fenstervorhänge sollten die Heizung nicht überdecken, besser eignen sich Rollos, Jalousien oder Plissees, die nur das Fenster verdecken. So kann der Heizkörper frei „atmen". Bis zu 12 % Ersparnis sind durch diese einfachen Maßnahmen für dich drin! Auch regelmäßiges Entlüften kann 1,5 % der jährlichen Heizkosten senken.

Helfen geschlossene Türen wirklich?

Temperatur erhalten, passend zum Raum

Bis zu 5 % Heizkosten kannst du ganz einfach dadurch vermeiden, dass du die Türen in der Wohnung möglichst geschlossen hältst.

Ein einfacher Energiespartipp mit enorm großer Wirkung. Das gilt besonders für die Tür zum Schlafzimmer: Viele mögen diesen Raum nachts sowieso eher kühler, denn in kühler Luft kann man besser schlafen. Die geschlossene Schlafzimmertür verhindert, dass du diesen Raum unbeabsichtigt mitwärmst. Auch die Türen zum Hausflur oder zum Keller und Dachboden sollten immer geschlossen bleiben, damit Wärme nicht unnötig in die kühleren Räume entweicht.

Infrarot – mehr als heiße Luft

Strahlungswärme 2.0

Eine Infrarotheizung ist eine innovative strombetriebene Heizungsunterstützung, beispielsweise im Bad.

Infrarotheizkörper erwärmen nicht die Luft, sondern nur die Festkörper im Raum. Diese sogenannte Strahlungswärme fühlt sich ganz ähnlich an wie die Wärme, die ein Kachelofen abgibt. Hier sorgen die wärmereflektierenden Wände, Böden und Decken für die nötige Wärme. Bei an die jeweilige Raumgröße angepasster Planung sind die Festkörper oft schon nach zehn Minuten angenehm warm. Infrarotheizkörper, die einfach mit einem Stecker an den Strom angeschlossen werden, müssen nur wenige Minuten pro Stunde laufen, um einen Raum konstant warm zu halten. Im Energieverbrauch macht sich das bemerkbar. Eine 500 W Infrarotheizung, die jede Stunde zehn Minuten läuft, verbraucht pro Tag rund 2–3 kWh, während für den gleichen Raum (etwa 15 m²) ein Heizlüfter mit 1.500 W notwendig wäre, der praktisch mehrere Stunden am Tag laufen muss, um die zirkulierende Luft warm zu halten. Das kann einen Verbrauch von bis zu 27 kWh pro Tag bedeuten. Infrarotheizkörper bekommst du je nach Größe schon ab etwa 150 € im Baumarkt oder in Online-Shops.

Aufgedrehte Heizung wird nicht warm?

So entlüftest du deine Heizung in fünf Schritten.

Treten bei Heizkörpern laute Fließ- oder Gluckergeräusche auf oder werden sie nicht warm, ist die Ursache oft Luft im Inneren. Das kann den Energieverbrauch deutlich steigern.

Dagegen kannst du leicht etwas tun:

1. Umwälzpumpe an der Heizung abschalten und 30 Minuten warten, bis sich die Luft in den Heizkörpern sammelt.

2. Heizkörper auf höchste Stufe drehen und eine Schale unter das Ventil stellen.

3. Ventil öffnen. Eine halbe Drehung mit dem Entlüftungsschlüssel reicht in der Regel und es beginnt zu zischen. Vorsicht, die entweichende Luft könnte heiß sein!

4. Ventil wieder schließen, wenn das Zischen leiser wird, dann aufhört und schließlich Wasser austritt.

5. Umwälzpumpe an der Heizung wieder anschalten und an der Druckanzeige prüfen, ob der Wasserdruck im Heizkreis (1-2 bar) noch ausreichend ist.

Fertig!

Warum ist die Fensterbank ein Problem?

Massive Naturstein-Fensterbänke verscheuchen die Wärme!

In älteren Wohnhäusern sind Fensterbänke oft echte Wärmebrücken, durch die viel Heizwärme verloren geht.

Dies liegt daran, dass sie häufig einfach im Mörtelbett in der Wand verbaut wurden. Abhilfe schaffen hier spezielle Dämmkeile aus Hartschaum. Bei tiefen Fensterbänken über Heizkörpern stellt sich ein merklich positiver Effekt vor allem dann ein, wenn auch hinter dem Heizkörper eine Dämmung angebracht wird. Hersteller der Fensterbank-Dämmungen sprechen von bis zu 95 % Wärmereflexion. Die Dämmelemente gibt es von Herstellern wie etwa Selit fertig zuschneidbar zu kaufen und kosten pro Stück ab ca. 15 €.

Lohnt sich ein hydraulischer Abgleich?

Die Nachjustierung durch den Profi spart bares Geld.

Mit der Zeit kann es sein, dass Heizkörper im Dachgeschoss nicht richtig warm werden und im Erdgeschoss zu heiß.

Dann hilft ein hydraulischer Abgleich durch einen Heizungsfachmann. Voreinstellbare Thermostatventile sind Voraussetzung für optimales Einstellen der Heizanlage. Eine moderne Umwälzpumpe unterstützt den hydraulischen Abgleich und reduziert den Stromverbrauch deutlich. Auch sie wird in der Regel beim Abgleich mit eingebaut. Die reine Dienstleistung kostet beim hydraulischen Abgleich für ein Einfamilienhaus rund 650 €. Die KfW fördert das (*www.kfw.de*), manche Kommunen bezuschussen zusätzlich.

Halten deine Fenster wirklich dicht?

Je dichter die Fenster schließen, desto besser!

Viel Wärmeenergie entweicht durch eine schlechte oder alte, abgenutzte Dichtung in den Fensterrahmen.

Gerade bei älteren Fenstern dringt durch die Ritzen ein permanenter Luftzug und kostbare Wärme geht verloren. Wenn ein kompletter Fenstertausch nicht infrage kommt, z. B. bei Mietwohnungen, kannst du als Heimwerkerin oder Heimwerker zumindest alte, poröse oder platt gedrückte Fensterdichtprofile ganz einfach selbst erneuern. Mit elastischen Dichtungsgummis aus dem Baumarkt lassen sich alle Fensterrahmen sowie Eingangs- und Zimmertüren wieder sauber gegen Zugluft abdichten. Du kannst Spalten und Ritzen von 1–5 mm abdichten. Eine Fensterdichtung kostet je nach Stärke rund 60 Cent pro Meter – und das Beste: Schon nach einer Heizperiode sind die Kosten meist wieder hereingeholt.

Hast du schon deine Tür in Augenschein genommen?

Die Tür-Devise hier: je dichter, desto besser!

Was für die Fenster gilt, gilt auch für deine Wohnungseingangs- oder Haustür: dichter ist besser.

Um den oft großen Spalt unter der Wohnungs- bzw. Haustür gegen Zugluft zu dämmen, hast du zwei Möglichkeiten: Türbesen und Zugluftstopper. Bis zu 15 mm hohe Spalten zwischen Tür und Boden kannst du mit einem selbstkleben- den sogenannten Türbesen schlie- ßen. Zugluft und Kälte, aber auch Staub und Lärm bleiben draußen, der Boden im Wohnraum bleibt warm. Erhältlich sind die 100 cm langen und zuschneidbaren Leis- ten ab etwa 8 € in jedem Baumarkt. Mit den sogenannten Zugluftstoppern für glatte Böden aus Schaumstoff oder Textil kannst du Spalten unter der Tür sogar bis zu 20 mm abdichten. Die Formteile (ab 6 € im Baumarkt) schneidest du auf Länge und schiebst sie einfach unter das Türblatt. Auch sie halten Kälte sowie Staub und lästige Insekten ab.

Brauchen alle meine Räume immer die gleiche Temperatur?

Auch beim Heizen ist Individualisierung angesagt!

Du kannst deinen Energieverbrauch drastisch senken, wenn du die Temperatur in deinen Räumen individuell anpasst.

Heize immer entsprechend der Nutzung des jeweiligen Raumes: Stell die Temperatur im Schlafraum und in der Küche niedriger ein (17-19 °C) und im Wohnzimmer (20 °C) und Bad (23 °C) höher. Jedes Grad weniger reduziert den Energieverbrauch um 6 %. Ist dein Haus oder deine Wohnung wenig gedämmt, solltest du die Temperatur über Nacht und während deiner Abwesenheit senken. Regelmäßiges Lüften der Räume ist ebenfalls wichtig, das verringert die Luftfeuchte und verbessert die Luftqualität. Gekippte Fenster führen zu Wärmeverlusten und ausgekühlten Wänden, was Schimmelbildung fördert. Lieber fünfmal am Tag mit weit geöffneten Fenstern lüften und währenddessen die Heizkörperventile runterregeln. Praktisch sind Thermostate mit Sensoren, die geöffnete Fenster erkennen und sich automatisch schließen.

Was bringt Reflexion?

Eine einfache Dämmrolle weist der Heizungsluft den Weg.

Befinden sich deine Heizkörper in Nischen? Die Außenwand des Gebäudes ist in diesen Bereichen dünner als im restlichen Haus und Wärmeverluste sind besonders groß.

Eine zusätzliche Dämmung ist hier sinnvoll. Schon eine 5 mm starke Dämmung aus Polystyrol dämmt so gut wie eine 10 cm starke Vollziegelmauer. Mit einer modernen 7 mm starken Dämmtapete für die Wand oder einer Dämmmatte hinter dem Heizkörper kannst du den Wärmeverlust des Mauerwerks um 50 % reduzieren. Diese Matten sind raumseitig mit einer Folie beschichtet, die die Wärme reflektiert; sie werden mit Styroporkleber an die Wand geklebt. Noch wirksamer ist es, die Heizkörpernischen voll zu dämmen oder zu vermauern und den Heizkörper weiter in den Raum hineinzusetzen.

Was soll ich bloß anziehen?

Passende Kleidung macht Heizen fast überflüssig.

Für ein behagliches, warmes Gefühl zu Hause reicht gerade im Herbst schon ein kuscheliger Pullover.

Warme Socken, ein Unterhemd und ein Paar flauschige Hausschuhe: Alleine mit dieser Grundausstattung kannst du die Temperatur im Raum schon um 2–3 °C senken, ohne zu frieren. Zwar musst du nicht im Wintermantel durch die Wohnung laufen, aber ein knappes T-Shirt und dünne Socken sind im Winter genauso unpassend. Sich an kalten Tagen einen Pullover überzuziehen, anstatt die Heizung aufzudrehen, ist einfach und sehr wirksam: Schon 1 °C weniger Raumtemperatur senkt die Heizkosten um etwa 6 %. Das kann sich bei den aktuellen Energiepreisen zu einer Einsparung im dreistelligen Eurobereich pro Jahr aufsummieren.

Verstaubte Heizkörper – nur eine optische Frage?

Staub in Ritzen und Rillen der Heizkörper entfernen

Heizkörper können richtige Staubfänger sein. Um die optimale Heizleistung zu erhalten, solltest du die Heizkörper am besten jeweils zu Beginn und am Ende der Heizperiode entstauben.

Alte Rippenheizkörper, aber auch die modernen Flachheizkörper bieten idealerweise eine große Oberfläche, über die sie die Wärme an die zirkulierende Luft abgeben. Je größer diese Oberfläche ist, desto besser ist auch die Heizleistung. Aber die vielen Hundert Quadratzentimeter, die die Fläche eines Heizkörpers ausmachen, bieten leider auch dem Hausstaub ein kuscheliges Zuhause. Mit der Zeit legt sich eine durchgehende Staubschicht auf die Rippen und

Lamellen, was die Leistung der Heizkörper wieder erheblich einschränkt, und zudem über die Konvektion auch noch die Atemwege der Bewohnerinnen und Bewohner reizt. Mit einer Heizkörperbürste (aus dem Baumarkt oder im Online-Handel) kannst du den Staub ganz einfach aus den Rippen und Lamellen entfernen.

Sind die Fenster noch ganz dicht?

Fenster-Wand-Anschluss beim Sanieren nicht vergessen!

Nicht nur gut gedämmte Fenster, auch die Abdichtung der Übergänge der Fensterrahmen zum Mauerwerk hilft, Heizkosten zu sparen.

Mit einer entsprechenden Verfugung kannst du für die nötige Dichtigkeit sorgen und Zugluft, Feuchtigkeit und Wärmeverluste verhindern. Wenn du diesen Fugen zu Leibe rücken willst, brauchst du zwei verschiedene dauerelastische Dichtmassen: Von außen nimmst du ein Silikon (ab etwa 10 € pro 300-ml-Kartusche) oder einen Polymerdichtstoff, den du per Kartuschenpistole in die Fugen drückst. Beide Varianten sind wasserfest und UV-beständig. Im Innenbereich verwendest du hingegen eine Acrylmasse (ab etwa 7 € pro 300-ml-Kartusche), die du ebenfalls mit der Kartuschenpistole in die Fuge einbringst. Acryl hat den Vorzug, im getrockneten Zustand mit den üblichen Dispersionsfarben für Innenwände überstrichen werden zu können. Beide Dichtmassen ziehst du mit dem Finger glatt, für Silikon tauchst du dazu deinen Finger vorher in Spülmittel, für Acryl reicht ein Fingerstrich mit etwas Wasser.

Pellets statt Gas oder Öl

Pelletheizungen überzeugen durch ihre Betriebskosten.

Im Vergleich zu anderen Heizsystemen hast du zwar hohe Anschaffungskosten, allerdings amortisiert sich diese Investition durch die geringen Betriebskosten einer Pelletheizung bereits nach kurzer Zeit.

Zwischen 600 und 1.000 € jährlich kostet es dich, ein durchschnittliches Einfamilienhaus mit Wärmeenergie durch eine Pelletheizung zu versorgen. Eine mit Gas oder Öl betriebene Heizung schlägt hingegen mit 3.000 bis 4.000 € zu Buche (Stand August 2022). Die günstigen Kosten einer Pelletheizung erklären sich unter anderem durch die hohe Versorgungssicherheit des Rohstoffs, allerdings kann die Nachfrage im Zuge der Energiekrise die Preise noch nach oben drücken. Möchtest du deine alte Heizung durch eine Pelletheizung ersetzen, kannst du Zuschüsse beim Bundesamt für Wirtschaft und Ausfuhrkontrolle (BAFA) beantragen.

Wärme tauschen und zurückgewinnen

So kannst du mit Abluft die Heizkosten reduzieren.

Wärmetauscher recyceln Wärmeenergie, indem sie die Wärme der ausströmenden Luft in ein Keramikbauteil in ihrem Inneren abgeben, das sie wiederum an die einströmende Frischluft überträgt. So geht fast keine Wärme verloren.

Mit einer modernen Lüftungsanlage kannst du Heizenergie sparen, da die Wärme der verbrauchten Abluft dazu genutzt wird, die Frischluft auf fast gleiche Temperatur zu bringen. Ganz ohne Energieeinsatz funktioniert dieser Prozess allerdings nicht, denn zum Betrieb einer Lüftungsanlage mit Wärmetauscher ist Strom nötig. Eine Lüftungsanlage für ein Einfamilienhaus läuft ganzjährig mit etwa 50 W. Durch die Wärmerückgewinnung kannst du wesentlich mehr Energie einsparen, als der Betrieb deiner Anlage kostet. Wärmetauscher brauchen ein Loch in der Außenwand von 180 mm Durchmesser. Um das zu bohren, kannst du dir entsprechende Bohrkronen (etwa 20 € pro Tag) und einen leistungsstarken Bohrhammer (ab 40 € pro Tag) im Baumarkt mieten. Klar ist, dass du solch eine Maßnahme mit deinem Vermieter abstimmen musst.

Fördermöglichkeiten

Man muss nur fragen!

Die Maßnahmen zur Verbesserung von Dämmung und Heizsystem musst du nicht alleine stemmen. Von Staat und Kommune gibt es finanzielle Förderung.

1. Effiziente Dämmung: Bundesweite Förderung durch die Kreditanstalt für Wiederaufbau (KfW)

2. Dämmung mit Naturdämmstoffen: Förderung durch die KfW und Zuschüsse von einigen Kommunen

3. Alternative Heizsysteme: Hohe Zuschüsse über die BAFA oder Darlehen über die KfW

4. Einbau einer neuen Gas-/Ölheizung: Förderung durch die KfW

5. Einbau eines Heizsystems, das erneuerbare Energien nutzt: Förderung durch das Bundesamt für Wirtschaft und Ausfuhrkontrolle (BAFA)

6. Photovoltaik-Anlage: Förderung durch die KfW, einige Bundesländer, Städte und Kommunen

Weitere Infos:
www.co2online.de/service/ energiesparchecks/ foerdermittelcheck

Notizen

Damit fange ich an

Energiesparen in der Küche

K

„Spar"-Hans als Küchenmeister

So gelingt ressourcenschonendes Kochen.

Mit ein paar einfachen Tipps und Tricks lässt sich beim Kochen viel Strom sparen.

1. Deckel immer auf den Topf setzen: Kochen mit aufgesetztem Deckel kann den Energieverbrauch um bis zu zwei Drittel reduzieren.

2. Den heißen Herd früher ausschalten: Wenn du bereits kurz vor Ende des Garvorgangs den Herd ausstellst, sparst du Energie. Die Restwärme ist meist stärker als angenommen und wird auf diese Weise noch optimal genutzt. Das funktioniert allerdings nicht bei Induktions- und Gasherden.

3. Für klimafreundliches Backen gilt: Umluft-Funktion nutzen. Das kann bis zu 15 % Energie einsparen.

4. Auf das Vorheizen verzichten: Damit kannst du den Stromverbrauch bis zu 8 % reduzieren.

5. Bei möglichst niedriger Temperatur backen und mehrere Ebenen im Ofen gleichzeitig nutzen.

6. Nutze die vorhandene Wärme im Backofen und bereite mehrere Gerichte hintereinander zu, statt den Ofen jedes Mal wieder aufzuheizen.

Ist es wichtig, wo ein Gerät steht?

Ja, der Platz ist entscheidend!

Allein mit der richtigen Platzierung machst du deinen Kühlschrank schon effizienter.

Am liebsten mögen Kühl- und Gefrierschränke kühle Orte – der Gefrierschrank steht gut im Keller, der Kühlschrank sollte nicht neben dem Herd stehen und nicht der Sonnenstrahlung (am Fenster) ausgesetzt sein. Im Kühlschrank reichen 7 °C und im Gefrierfach -18 °C. Den Geschirrspüler solltest du nur voll beladen anschalten, dann arbeitet er effizient. Die Effizienzklasse spielt beim Geschirrspüler eine große Rolle, A+++ spart im Vergleich zu A+ über 20 % Energie. Das Eco-Programm spart zusätzlich Strom, weil die

Temperatur des Waschwassers abgesenkt wird. Kühlschränke laufen ständig, daher lohnt sich ein energieeffizientes Gerät ganz besonders. Bei der Größe des Gerätes sind 50–60 l pro Person genug, ein zu großes Gerät verbraucht unnötig viel Energie.

Geht's beim Kochen nicht schneller?

Druck erhöht die Hitze im Topf.

Der Schnellkochtopf ist etwas aus der Mode gekommen, bereitet dir aber deine Mahlzeiten schneller und effizienter zu.

Gerade für Gerichte mit langer Garzeit, wie etwa Kartoffeln, ist ein Schnellkochtopf ideal. Dieser Topf wird mit einer Dichtung im Deckel und einer stabilen Verriegelung druckdicht verschlossen. So wird verhindert, dass das erhitzte Wasser bei 100 °C einfach verdampft; stattdessen erwärmt es sich durch den aufgebauten Druck im Topfinneren (bis zu 2 bar) noch weiter. Dieser Druck sorgt dafür, dass die Siedetemperatur des Kochwassers auf etwa 120 °C erhöht wird. Bei dieser Temperatur wird die Garzeit des Kochgutes erheblich verkürzt, deine Kartoffeln brauchen nicht wie üblich 30, sondern nur noch 10 Minuten, bis sie weich gekocht sind. Die kurze Garzeit ist Garant dafür, dass du deinen Herd effizient nutzen kannst.

Eine ganze Kanne Kaffee oder nur einen kleinen Espresso?

Nur das wirklich benötigte Wasser sollte erwärmt werden.

Wer möchte alles eine Tasse Tee oder Kaffee?

Energie und Wasser kannst du ganz einfach sparen, wenn du nicht mehr als die benötigte Menge Wasser in den Wasserkocher füllst. Wie viel Wasser du wirklich brauchst, kannst du abmessen, indem du z. B. zuerst das Wasser in die Teekanne oder in den Kaffeebecher gibst, und dann in den Wasserkocher umfüllst und erhitzt. Ein Wasserkocher verbraucht übrigens weniger Strom als ein Elektro- oder Gasherd oder eine Mikrowelle. Denn hier wird das Wasser direkt erhitzt, während beim Herd zuerst Herdplatte und Topf aufgeheizt werden müssen, und dann erst das Wasser darin.

Herdwärme optimal ausgenutzt?

Auf den richtigen Topf kommt es an.

Gute Kochtöpfe erkennt man an ihrem glatten Boden, der sich leicht nach innen wölbt.

Die Wölbung dehnt sich auf der erhitzten Herdplatte aus, sodass der Topf vollflächig aufsteht. Durch vollen Kontakt mit der Wärmequelle wird die Wärme vollständig genutzt. Die Herdplatte kann somit schon einige Zeit vor Beendigung des Garvorganges ausgeschaltet werden. Keine Angst, dein Essen wird dann trotzdem gar, denn jetzt wird die Restwärme genutzt. Bis die Herdplatte ihre gesamte Hitze verliert, dauert es eine ganze Weile. So wird wertvoller Strom eingespart. Und siehe da: Nichtstun kann nützlich sein!

Die Wahl des sparsamen Herdes

Alles eine Frage der Technik.

Induktionsherde sind deutlich schneller und sparsamer als herkömmliche Herde.

Induktionskochfelder verbrauchen deutlich weniger Energie als konventionelle Herdplatten. Mit ihnen sparst du zwischen 20 und 30 % Stromkosten ein. 1,5 l Wasser kochen z. B. bereits nach etwa fünf Minuten – so schnell ist kein anderer Herd. Denn beim Induktionsherd wird nur der Boden der Pfanne oder des Kochtopfes erhitzt und nicht das Kochfeld. Was außerdem noch sehr praktisch ist: Die Glaskeramik-Kochfläche lässt sich einfach mit einem feuchten Tuch und etwas Spülmittel oder Zitronensaft reinigen.

Wann ist der Kuchen endlich fertig?

Backofen ausschalten und Restwärme nutzen!

Was nach dem Vollbad funktioniert, kannst du auch beim Backen nutzen – Restwärme!

Gerade nach längerem Gebrauch ist der Backofen so heiß, dass es eine Verschwendung wäre, ihn einfach so auskühlen zu lassen. Ist der Kuchen fertig oder der Braten gar, solltest du zunächst die Küche gut durchlüften, anschließend Türen und Fenster schließen. Dann lässt du die Ofentür zum Aufwärmen des Raumes einen Spalt offen. Vorsicht: Einige Hersteller von Backöfen raten, den Ofen nur bei geschlossener Tür abkühlen zu lassen, um angrenzende Möbelfläche nicht zu beschädigen. Deshalb die Ofentür nicht ganz öffnen.

Der Koch lebt nicht vom Herd allein.

Küchenhelfer sind oft schneller und günstiger!

Du kannst viel Energie (und Wartezeit) sparen, wenn du in der Küche die vielen kleinen Helferlein nutzt, anstatt beim Erwärmen vorwiegend auf den Herd zurückzugreifen.

Mit einem Wasserkocher oder auch einem Eierkocher lassen sich gerade kleine Mengen an Lebensmitteln oft viel günstiger zubereiten als mit dem Herd. Wenn du den Herd nutzt, musst du nämlich erst die Herdplatte, dann den Topf und erst dann das Wasser erwärmen, während z. B. beim Wasserkocher die Wärme direkt vom Heizelement ins Wasser geht. Um zu sparen, erhitze nur die tatsächlich benötigte Menge an Wasser, die du vorher mit einer Tasse oder einem Messbecher abmisst. Außerdem solltest du den Wasserkocher regelmäßig entkalken, um Energieverluste zu vermeiden. Auch beim Eierkocher braucht es nur eine abgemessene Menge Wasser (Messbecher liegt den Kochern bei), um bis zu sechs Eier auf den Punkt zu kochen. Ein ganzer Topf voll Wasser ist nicht nötig.

Den Kühlschrank beim Kühlen unterstützen!

Vom Eisfach in den Kühlschrank

Willst du gefrorene Lebensmittel auftauen, nutze den Kühlschrank als Zwischenlager, um doppelt zu profitieren.

So spart dein Kühlschrank Strom, denn die gefrorenen Lebensmittel haben eine geringere Temperatur als der Kühlschrank selbst und kühlen somit aktiv mit. Nimm die Lebensmittel am besten am Abend, bevor du sie am nächsten Tag zubereiten möchtest, aus dem Gefrierfach und stelle sie mit einer Unterlage in den Kühlschrank. Dann sind sie rechtzeitig aufgetaut und haben dir zwischendurch noch ganz wunderbar beim Energiesparen geholfen.

Kostbare Kälte im Kühlschrank halten!

Nur solange öffnen wie nötig

Je länger du die Tür deines Kühlschranks offen lässt, umso mehr warme Luft aus dem Raum dringt in den Kühlschrank ein.

Der Kühlschrank muss zusätzliche Energie aufwenden, um die Temperatur wieder herunter zu kühlen. Öffne deshalb die Kühlschranktür so wenig und so kurz wie möglich. Überlege dir am besten vor dem Öffnen des Kühlschranks, was du alles herausnehmen möchtest. Auch kannst du deine Lebensmittel nach einem übersichtlichen System sortieren, dann findest du alles schnell. Tipp: Wenn der Kühlschrank leicht nach hinten geneigt steht, fällt die Tür von allein zu.

Wie bleibt der Kühlschrank noch ganz dicht?

Ein Gummi macht's!

Achte auf die Dichtung an deinem Kühlschrank. Für defekte Dichtungen gibt es Ersatz.

Die Gummidichtung im Kühlschrank sorgt dafür, dass keine warme Luft ins Innere gelangt. Prüfe also regelmäßig, ob die Dichtung noch intakt ist und reinige sie ab und zu. Ist sie defekt, tausche die Dichtung aus. Du bekommst für deine Marke passende Dichtungen auf verschiedenen Ersatzteilseiten im Internet. Regelmäßige Pflege kann die Lebensdauer verlängern. Diese Dichtungen deshalb regelmäßig mit Vaseline, Hirschtalg, Talkum oder Glycerin (in Apotheken oder Drogeriemärkten zu kaufen) einreiben.

Ein Kühlschrank mags nicht heiß.

Essen bei Raumtemperatur abkühlen lassen

Warmes Essen gehört zum Abkühlen nicht in den Kühlschrank.

Je größer die Menge an warmem Essen, die in den Kühlschrank gestellt wird, desto mehr erwärmt er sich. Entsprechend lang dauert es, bis die optimale Kühlschranktemperatur wieder erreicht ist. Dabei verbraucht das Haushaltsgerät überflüssige Energie. Kühle dein warmes Essen besser in kleinen Gefäßen. Diese lässt du dann so lange neben dem Kühlschrank stehen, bis der Inhalt vollständig abgekühlt ist. Du kannst dein Essen ruhig mehrere Stunden außerhalb des Kühlschranks aufbewahren. So schnell wird es nicht schlecht.

Eisberge im Gefrierfach?

Dann ist höchste (Ab-)Tauzeit.

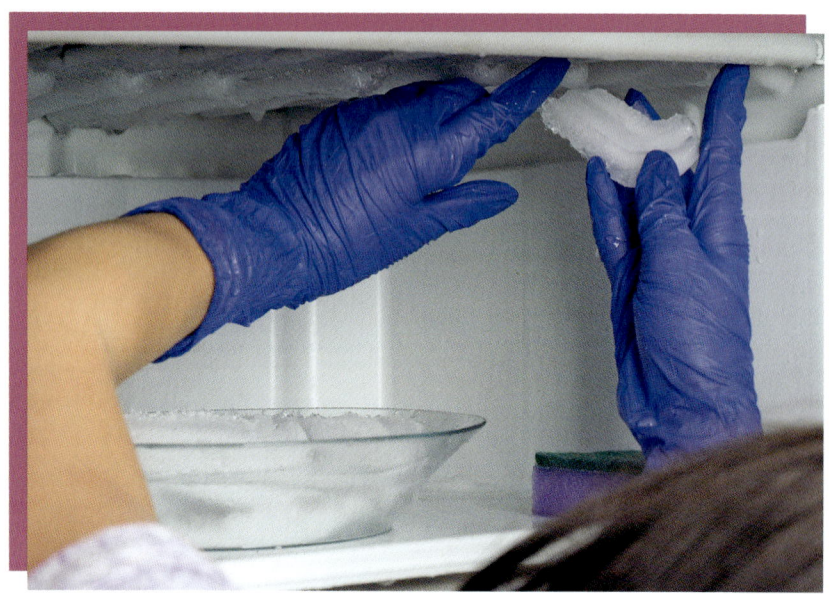

Spätestens, wenn sich die leichte Puderschneeschicht in eine Eisdecke verwandelt, ist es Zeit, das Kühlgerät abzutauen.

Warme Luft enthält Feuchtigkeit, die sich beim Abkühlen an den Wänden von Kühlschrank und Eisfach niederschlägt. Die warme Luft gelangt in die Geräte, wenn die Tür lange offensteht oder wenn – vor allem im Sommer – warme Raumluft hineingelangt.

Ein vereister Kühlschrank verbraucht bis zu 50 % mehr Strom. Es empfiehlt sich, ihn regelmäßig abzutauen. Wenn du ihn dann mit einer Mischung aus Essig und Wasser oder Natron und Wasser auswischst, bildet sich neues Eis weniger schnell.

Wie kann ich die Garzeit von Kartoffeln reduzieren?

Der Energieaufwand ist eine Frage der Größe.

Wenn du die Kartoffeln vor dem Kochen in Würfel schneidest, reduzierst du die Garzeit und sparst Strom.

Garen kannst du klein gewürfelte Kartoffeln z. B. einfach und schnell in der Mikrowelle. Dazu stellst du sie in ein mikrowellengeeignetes Gefäß, gibst 2 EL Wasser dazu und deckst alles bis auf einen kleinen Spalt ab. Auf diese Art brauchen die Kartoffeln nur etwa 5 min bis sie gar sind, anstatt 25 min auf einem konventionellen Herd. Wenn du die Mikrowelle auf 600 W einstellst, entstehen Stromkosten von 2 ct. Benutzt du ein Glaskeramik-Kochfeld, sind es ungefähr 12 ct, auf einem Induktionskochfeld immerhin noch 10 ct.

Wann kocht endlich das Nudelwasser?

Kochvorgänge mit dem Wasserkocher beschleunigen

Im Kochtopf Wasser erhitzen dauert gewöhnlich unnötig lang. Da gibt es Alternativen.

Wenn z. B. Nudeln in kochendes Wasser gegeben werden sollen, ist es einfacher, das Kochwasser vorab in einem Wasserkocher zu erhitzen. Nebenbei kann im Topf schon mal eine kleine Menge Wasser erhitzt werden, um die Herdplatte und den Topf aufzuwärmen, ohne dass etwas beschädigt wird. Kocht das Wasser im Wasserkocher, kann es einfach in den Topf gegossen werden, in dem die kleine Wassermenge inzwischen ebenfalls kochen sollte.

Brauche ich die Butter noch mal?

Lieber schnell zurück in den Kühlschrank!

Lebensmittel auch während einer Mahlzeit möglichst bald wieder in den Kühlschrank zu stellen, klingt ungewöhnlich, hilft aber beim Stromsparen.

Vor allem beim Frühstück neigst du vielleicht wie viele andere dazu, eine größere Auswahl an Lebensmitteln länger auf dem Tisch zu belassen. Das ist zwar bequem, doch während der Mahlzeit erwärmen sich die Lebensmittel und müssen später durch eine höhere Leistung des Kühlschranks wieder abgekühlt werden. Daher lohnt es sich, vorher zu überlegen, was man essen möchte, und diese Lebensmittel möglichst schnell wieder in den Kühlschrank zurückzustellen.

Notizen

Damit fange ich an

„Es regnet, es regnet, die Dächer werden nass."

Regenwasser im Haushalt nutzen

Sehr unauffällig und äußerst effektiv beim Thema Wassersparen sind Regenwassersammel-Anlagen. Geeignet für alle, die Haus und Garten haben.

Der Wasserverbrauch pro Person und Tag beläuft sich auf durchschnittlich 140 l. Nur 3 l davon werden für die Zubereitung von Speisen und Getränken verbraucht. Der Rest wird beim Baden, Duschen, Wäschewaschen oder mit der Toilettenspülung heruntergespült. Hierfür braucht man nicht unbedingt teures Trinkwasser. Regenwasser aus einer Regenwassersammel-Anlage tut es auch! Hierbei handelt es sich um einen Kunststoff- oder Betontank, der im

Garten vergraben und in dem das von den Dachflächen abgeleitete Niederschlagswasser gesammelt wird. Von dort kann es per Zapfsäule zur Gartenbewässerung entnommen und – gereinigt und gefiltert – zum Wäschewaschen und für die Toilettenspülung im Haus eingesetzt werden. Da das Regenwasser keine Trinkwasserqualität hat, darf es nicht in das Frischwasser-Leitungssystem eingespeist werden und es braucht ein eigenes System im Haus. Mit Regenwassernutzung kannst du bis zu 50 % deines Wasserbedarfs decken, zudem sparst du Abwassergebühren. Frag bei den Herstellern solcher Anlagen an, sie machen in der Regel auch die Planung und den Einbau.

Schlauer Strom im Garten

Mit intelligenter Steckdose

Diese Steckdose schaltet im Außenbereich die Stromzufuhr angeschlossener Geräte.

Ob für deine Außenbeleuchtung oder den Rasensprenger: Die spritzwassergeschützte Outdoor-Steckdose Fritz dect 210 kannst du ganz einfach als Ergänzung an eine FritzBox von avm anbinden. So bist du in der Lage nahezu alle Geräte im Garten bequem per Funk nach dem Festnetztelefoniestandard dect in dein Heimnetz einzubinden. Mit der WLAN-Steckdose kannst du dann die Stromzufuhr der angeschlossenen Geräte im Außenbereich clever steuern und individuell bestimmen, wann die Geräte eingeschaltet werden sollen, z. B. bei Sonnenauf- und -untergang. Gleichzeitig kannst du den Energieverbrauch der angeschlossenen Geräte messen, aufzeichnen und auswerten. Der entstehende Datenverkehr vom Router zur Steckdose erfolgt natürlich verschlüsselt.

Eine Solaranlage auf dem Balkon?

Grünen Strom selbst produzieren

Schnell und einfach eigenen Strom erzeugen: Das geht mit kleinen Stecker-Solargeräten, die du am Balkongeländer montieren kannst.

Damit generierst du eigenen Solarstrom und wirst sogar zum aktiven Teil der oft beschworenen Energiewende. Die Systeme werden unter verschiedenen Bezeichnungen verkauft wie „Balkonmodul", „Plug & Play-Solaranlage" oder auch „Mini-Solaranlage". Die Verbindung zu deinem Stromnetz im Haus erfolgt über einen einfachen Stecker, den du in eine deiner (Außen-)Steckdosen steckst und so den selbstproduzierten Strom einspeist. Deine elektrischen Geräte nutzen diesen Strom und der Strom vom Versorger läuft entsprechend langsamer. So ein Modul kostet etwa 400 €. Eine Genehmigung brauchst du dafür nicht, wir empfehlen aber auf jeden Fall, den Vermieter darüber zu informieren. Eine bei Photovoltaik-Anlagen sonst übliche Einspeisevergütung gibt's nicht, dafür ein freudiges Lächeln bei deiner nächsten Stromrechnung.

Laut, umweltschädlich, töten kleine Tiere?

Laubbläser und -sauger sollte man abschaffen.

Außer Bequemlichkeit spricht nichts für diese auch bei Nachbarn unbeliebten Gartengeräte.

Laubbläser wirbeln Feinstaub in die Luft, zerstören die Lebensgrundlage von kleinen Tieren und sind lauter als ein Presslufthammer. Es gibt zahlreiche Alternativen, z. B. Rechen, Besen und stromfreie Laubsammler, die die gleiche Arbeit genauso gut machen. In Gärten und auf Wiesen solltest du das Laub gar nicht entfernen, um Igeln und anderen Kleintieren eine Möglichkeit zum Verstecken zu bieten und die darunter liegenden Pflanzen vor der Kälte zu schützen.

Notizen

Damit fange ich an

T
Energiesparen
Technik

Weniger Handwerker – mehr Technikfreund?

Technik-Hack zum Energiesparen!

Das Smarthome ist näher als du denkst: So sparst du mit WLAN und Co Strom & Heizenergie.

Effizienter heizen, das funktioniert mit programmierbaren Heizkörperthermostaten. Mit ihrer Hilfe kannst du genau einstellen, wann wo geheizt wird. Vernetzte Thermostate können per App von überall bedient und in ein Smart-home-System integriert werden: Ein Fenster ist geöffnet? Die Heizung schaltet erst wieder hoch, wenn es geschlossen ist. Die programmierbaren Heizkörperthermostate kannst du ganz leicht selbst montieren und falsches oder

unnötiges Heizen hat ein Ende. Mit vernetzen Steckdosen hast du auch den Stromverbrauch im Blick und kannst per Fingertipp mehrere Verbrauchsgeräte im Haus gleichzeitig abschalten. Mit fernsteuerbaren Funksteckdosen machst du dem unnötigen Stromverbrauch durch den Stand-by-Modus von Elektrogeräten schnell ein Ende.

Alte Haushaltsgeräte und Elektronik austauschen?

Ersetze alt gegen neu!

Zehn Jahre sind bei der Weiterentwicklung technischer Geräte eine Ewigkeit. Zeit, sich die alten im Haus mal näher anzusehen.

Angesichts der weiter steigenden Energie- und Strompreise kann es sich durchaus rechnen, wenn du in die Jahre gekommene Haushaltsgeräte durch neue ersetzt. Moderne Großgeräte wie Waschmaschine, Trockner oder Kühlschrank benötigen heute etwa 60 % weniger Strom als ihre (nur!) zehn Jahre alten Vorgänger – das entspricht bei den aktuellen Preisen einem Einsparpotenzial von mehreren Hundert Euro pro Jahr, mit steigender Tendenz. Moderne Flach-

bild-Fernseher mit einem guten Energielabel sparen immerhin noch bis zu 100 € pro Jahr an Stromkosten ein. Wenn du beim Kauf der Geräte auf den Energieverbrauch achtest (A+++), macht sich die Neuanschaffung noch schneller bezahlt. Schaue deshalb unbedingt auf das an jedem Gerät angebrachte Energielabel.

Spielt die Größe wirklich eine Rolle?

Kleine Geräte sind groß im Stromsparen!

Der Trend zu großen und leistungsstarken Media-Geräten ist ungebrochen. Weniger ist hier allerdings mehr.

Je größer und leistungsfähiger ein Fernsehgerät, desto mehr Strom verbraucht es – und zwar unabhängig von der Effizienzklasse. So verbraucht ein TV mit Ultra HD oder 3 D ca. 30 % mehr Strom als ein HD-Gerät der gleichen Effizienzklasse. Strom sparen kannst du, wenn du Kontrast und Helligkeit herunterregelst; das wirkt sich auch positiv auf die Bildqualität aus. Auch beim PC entscheidet die Leistung der Komponenten über den Stromverbrauch. Hast du

einen leistungsstarken Gamer-PC, dann reduziere möglichst die tägliche Nutzungszeit. Verwendest du deinen PC als Mediaserver für Musik oder Filme, eignen sich auch leistungsschwächere Mediageräte. Besonders effizient sind Notebooks oder Tablets, denn sie sind darauf ausgelegt, mit wenig Strom auszukommen.

Wie finde ich versteckte Stromfresser?

So kommst du den Stand-by-Sündern auf die Schliche!

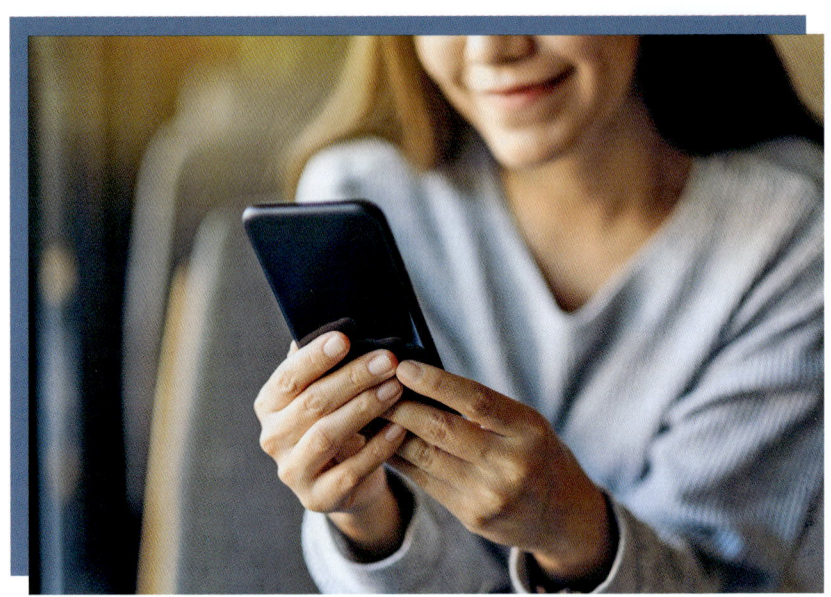

Elektronische Geräte dürfen im Stand-by-Modus laut EU-Verordnung nicht mehr als ein halbes Watt verbrauchen bzw. 1 Watt im Stand-by mit Anzeige.

Geräte, die vor 2010 auf den Markt kamen, führen aber immer noch zu teilweise hohen Leerlaufverlusten. Drucker oder Faxgeräte, die am Stromnetz hängen, verbrauchen Strom, auch wenn sie gerade nicht genutzt werden.

Auch Netzteile und Ladegeräte, die in der Steckdose eingesteckt sind, verbrauchen Strom, selbst wenn sie nicht an Geräte angeschlossen sind. Diese Verluste verringerst du ganz einfach, indem du abschaltbare Steckerleisten

verwendest. Um den Verbrauch deiner Geräte im Blick zu haben, kannst du einen Strommonitor (smarte Steckdose oder App) verwenden. Damit lassen sich auch Herstellerangaben zum Stromverbrauch überprüfen oder die Effizienz der eigenen Sparmaßnahmen. Sie sind sehr günstig ab etwa 15 € zu bekommen.

Energie fürs E-Auto?

Ladestation in der Garage einrichten

Eine lückenhafte Ladeinfrastruktur für E-Autos ist ein Hemmnis für die Verkehrswende. Ladestationen an privat genutzten Stellplätzen von Wohngebäuden können helfen.

Sie werden von der staatlichen Kreditanstalt für Wiederaufbau (KfW) mit pauschal 900 € pro Ladepunkt gefördert. Es werden bis zu zehn Ladepunkte gefördert, das heißt die Förderung ist auf maximal 9.000 € begrenzt. Die Voraussetzungen für eine Förderung sind Mindestkosten von 900 € pro Ladepunkt (inklusive Installationskosten), ein Nachweis über den Bezug von Ökostrom und die Anschaffung einer konnektiven Ladestation mit 11 kW maximaler Ladekapazität. Wichtig: Vor der Installation muss ein Antrag beim Vermieter eingereicht bzw. ein Beschluss in der Eigentümergemein-

schaft herbeigeführt werden. Die Förderung muss außerdem vor der Installation beantragt werden. Diese wird dann vom Elektrofachbetrieb durchgeführt und der Förderbetrag wird nach erfolgtem Kostennachweis ausbezahlt. Weitere Informationen unter *www.kfw.de*, Stichwort: Förderung von Ladestationen

Strom beim Drucken sparen?

Der „richtige" Drucker machts!

Die Wahl des Druckers beeinflusst die Druckkosten in hohem Maße.

Tintenstrahldrucker haben, abgesehen von geringeren Anschaffungskosten und Kosten für die Tintenpatronen, einen wesentlich geringeren Stromverbrauch als Laserdrucker (Tintenstrahldrucker: etwa 20 bis 50 W pro Stunde Druck / Laserdrucker etwa 400 bis 600 W pro Stunde Druck). Ein weiteres Plus ist beim Tintenstrahldrucker, dass er im Betrieb deutlich leiser ist, da kein Lüfter zur Kühlung nachlaufen muss.

Telefonieren mit der Kraft der Sonne?

Die Powerbank aufs Fensterbrett

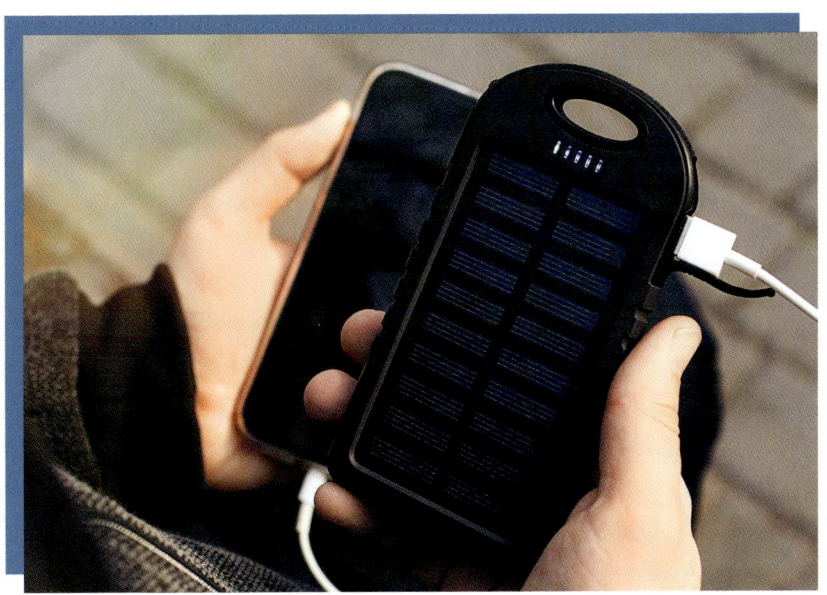

Gute Solar-Powerbanks gibt es bereits ab 30 €.

Bei Sonnenschein kannst du mit Hilfe einer Solar-Powerbank auch mal die Energie der Sonne anzapfen, um dein Smartphone zu laden. So sparst du nicht nur den Ladestrom zu Hause, sondern bist zudem unterwegs flexibel. Die Solar-Powerbank wandelt Sonnenenergie in elektrischen Strom um. Die Energie wird in einem Akku gespeichert und kann neben dem Smartphone auch für andere elektrische Geräte verwendet werden. Das ideale Gadget für draußen!

Ist Stromsparen auf Knopfdruck möglich?

Steckerleisten mit Kippschalter

Mit nur einem Schalter alle Stand-by-Geräte stromfrei machen

An einer Steckerleiste kann man mehrere elektrische Geräte anschließen und durch einen integrierten Kippschalter ausschalten. Somit schaltest du alle Geräte stromfrei und du sparst schnell und einfach Strom, denn solange das Gerät im Stand-by-Modus ist, leitet die Steckdose Strom ins Gerät weiter. Gleiches gilt für PC, Drucker und Unterhaltungselektronik. Das gemeinsame Ausschalten ist nicht nur praktisch, sondern sorgt auch für niedrige Stromkosten. Nebeneffekt: Bei Gewitter sind die Geräte auch sicher vor Blitzschäden.

Verbraucht das Ladegerät Strom, wenn der Akku voll ist?

Ja, es arbeitet weiter, wenn seine Aufgabe erledigt ist.

Ladegeräte von Smartphones, Tablets oder Kameras sollten nur an der Steckdose hängen, wenn sie auch laden.

Die Ladegeräte verbrauchen nämlich auch dann Strom, wenn kein Gerät angeschlossen ist oder dessen Akku schon voll ist. Das liegt am Transformator im Ladegerät, der die 230 V aus der Steckdose auf das nötige Maß umwandelt.

Daher sollten Ladegeräte immer aus der Steckdose gezogen werden, wenn der Ladeprozess abgeschlossen ist. Es kann zudem Brandgefahr bestehen, wenn defekte Geräte überhitzen, weil sie immer an das Stromnetz angeschlossen sind.

Locken ohne Lockenstab?

Ein Haarband funktioniert genauso gut!

Der Verzicht auf einen Lockenstab - wenn du ihn täglich benutzt - spart dir knapp 50 € im Jahr.

Ein Lockenstab formt Locken in Null Komma nichts mit Hitze. Dafür braucht ein durchschnittliches Modell ca. 800-1000 W. Es gibt mittlerweile aber auch einige hitzefreie Methoden, um Haare zu locken, die einfach gelingen, das Haar schonen und obendrein Strom sparen. Sie funktionieren vielfach über Nacht und sind perfekt, wenn du deine Haare gerne abends wäschst. Nach dem Waschen die Haare mit dem Föhn leicht antrocknen, anschließend ein Haarband um den Kopf ziehen und einzelne Strähnen rund um den Kopf von außen nach innen um das Band wickeln. Das Ganze mit einigen Haarnadeln fixieren und über Nacht trocknen lassen.

Morgens das Haar aus dem Band wickeln, und schon kannst du deine Locken im Spiegel bewundern. No Bad Hair Days anymore!

Notizen

Damit fange ich an

Energiesparen
W beim
Waschen

Deine Lieblingsjeans mag es einsam?

Sie sollte sich an Gesellschaft gewöhnen!

Befülle deine Waschmaschine immer mit maximalem Inhalt. Dafür lohnt es sich, gleichfarbige Wäsche mal etwas länger zu sammeln und gemeinsam zu waschen.

Ein massiver Anteil des Strom- und Wasserverbrauchs beim Wäschewaschen entfällt auf schlichtweg zu kleine Maschinenladungen. Die Trommel sollte immer gemäß der Herstellerangaben befüllt werden. Als Merkhilfe dient, dass noch eine Handbreit Platz zwischen trockner Wäsche und Trommel vorhanden sein sollte. Wird die Maschine hingegen überfüllt, sinkt die Waschleistung, da sich das Waschmittel nicht richtig verteilen kann.

Mit welchem Programm wäscht es sich am besten?

Diese Wahl fällt leicht!

Mit dem Eco-Programm deiner Waschmaschine kannst du jede Menge Strom und Wasser sparen.

Die Waschmaschine läuft zwar länger, benötigt aber weniger Energie zum Erwärmen des Wassers. Außerdem wird für die gleiche Menge Wäsche weniger Wasser verbraucht als bei anderen Einstellungen. Kurzprogramme verbrauchen stattdessen vergleichsweise viel mehr Wasser und Strom. Waschmaschinen haben für alle Waschtemperaturen spezielle Eco-Programme, die sehr sparsam beim Verbrauch von Wasser und Strom sind.

Was Waschmaschinen lieben

Lau waschen heißt schlau waschen!

Waschmaschinen gelten als wahre Stromfresser. Das stimmt aber nicht zwingend.

Belade deine Waschmaschine grundsätzlich immer voll. Wasche mit möglichst geringen Temperaturen (30–40 °C), das spart im Vergleich zu den 60 °C-Wäschen bis zu 40 % Energie ein. Achte beim Kauf einer Waschmaschine nicht nur auf die Effizienzklasse, sondern auch auf den absoluten Energieverbrauch der Maschine (www.co-2online.de). Wähle eine Trommelgröße, die der zu erwartenden Wäschemenge angemessen ist. Beim Wäschetrockner ist ein stromsparendes Modell besonders wichtig, denn ein Trockner verbraucht

per se viel Energie. Schleudert man die Wäsche schon vor dem Trocknen in der Waschmaschine stark (mit 1.400 U/min), spart das Energie beim Trocknen. Reinige regelmäßig die Siebe im Trockner. Sind die verstopft, treibt das den Energieverbrauch nach oben.

Braucht's die Wäsche wirklich heiß?

Niedrigere Temperaturen reichen völlig aus!

Feinwäsche & Buntes bei 30 bis 40 °C waschen, Kochwäsche bei 40 °C.

Dank moderner Einstellungen wird deine Wäsche auch bei niedrigen Temperaturen sauber. Für Buntwäsche, die nur leicht verschmutzt ist, reichen schon 30 °C, für weiße Wäsche 40 °C, und 60 °C für Bettwäsche, Unterwäsche und Handtücher. Mit dem 40 °C-Programm sparst du im Vergleich zum 60 °C-Programm ungefähr 40 % Strom! Temperaturen von mehr als 60 °C sind nur dann nötig, wenn Textilien mit Fäkalien, Blut oder Erbrochenem verschmutzt sind, oder wenn jemand im Haushalt eine ansteckende Krankheit hat.

Noch mehr Energie beim Waschen sparen?

Warmwasser aus der Leitung nutzen

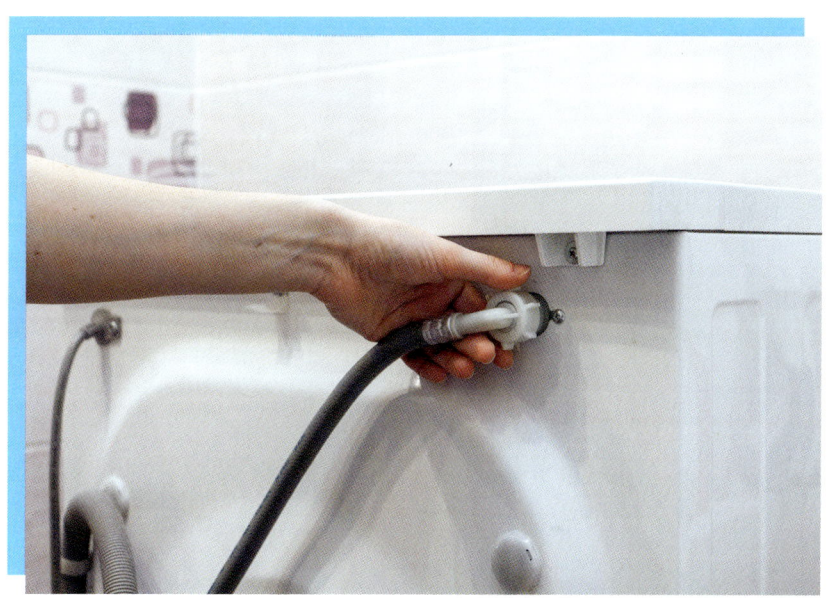

50 % des Waschmaschinen-Stromverbrauchs fällt auf die Erwärmung des Wassers.

Noch mehr kostbare Energie und (Wasch-)Zeit lassen sich einsparen, wenn die Waschmaschine am Anschluss für Warmwasser hängt. Das ist insbesondere dann sinnvoll, wenn das warme Wasser im Haus mit einer modernen Brennwertheizung, einer Wärmepumpe oder einer Solaranlage energiesparend erhitzt wird. Zwei Dinge sind dabei allerdings ggf. von Fachpersonal zu prüfen:
• Ist die Waschmaschine für eine Warmwasserzufuhr ausgestattet?
• Müssen neue Leitungen verlegt werden?

Benötigt Kleidung wirklich eine Vorwäsche?

Nur wenn die Kinder in ein Schlammloch gefallen sind.

Auf eine Vorwäsche kannst du in den meisten Fällen verzichten, denn mit den modernen Waschmaschinen wird auch ohne diesen Waschgang alles sauber.

Eine Vorwäsche dauert etwa 20 Minuten. Waschen ohne Vorwäsche spart demnach Zeit, und natürlich auch Energie. Das Vorwäscheprogramm ist nur bei stark verschmutzter Kleidung sinnvoll, z. B. wenn Berufskleidung sehr dreckig ist. Besser ist es, Flecken vorab mit einem Fleckenlöser zu behandeln oder in einer Waschmittellösung einzuweichen. Manche Waschmaschinen haben auch eine Fleckentaste, mit der der Waschgang nur wenig verlängert wird.

Schon wieder ab in die Wäsche?

Für den Frischeduft ist das nicht nötig!

Nicht jedes Kleidungsstück muss, wenn es einmal getragen wurde, gleich in die Wäsche.

Hänge es stattdessen zum Auslüften über Nacht einfach ans Fenster, auf den Balkon oder die Terrasse. Für den besonderen Frischeduft kannst du deine Klamotten noch zusätzlich mit einem selbst gemachten Spray aus Wasser und einem ätherischen Öl besprühen. Wähle deinen Lieblingsduft, das ist dann deine ganz besondere Note. Für frischen Duft im Kleiderschrank kann ein Kräuterduftsäckchen oder ein in Papier eingeschlagenes Stück Seife helfen.

Wäsche im Winter trocknen?

So geht's auch in der Wohnung!

Wohin mit der Wäsche im Winter, wenn man keinen Wäschetrockner benutzen möchte und keinen Trockenraum hat?

Am besten geeignet ist da ein kühler, möglichst trockener Raum. Die einzelnen Teile so aufhängen, dass genug Platz zwischen ihnen bleibt, damit die Luft besser zirkulieren kann. Der Raum sollte immer mal wieder durchlüftet werden, damit die Feuchtigkeit entweichen kann. Stoßlüften ist hier perfekt. Wenn du einen Balkon hast, kannst du deine Wäsche hier auch im Winter trocknen. Auch wenn die Wäsche zunächst gefriert, wird sie nach einiger Zeit trocken und weich.

Wer bügelt schon gern?

Tipps und Tricks, um Mühe, Zeit und Energie zu sparen

**Nicht nur für Bügelmuffel hilfreich:
Nur Kleidung bügeln,
bei der es wirklich nötig ist.**

Wenn du die Wäsche nach dem Waschen gut ausschüttelst und möglichst ohne Knitter auf die Leine hängst, ist Bügeln oft gar nicht nötig. Bettwäsche nach dem Trocknen glatt streichen und zusammenfalten reicht völlig aus. Viele Kleidungstücke werden zudem beim Tragen glatt. T-Shirts kannst du, wenn sie fast trocken sind, faltenfrei übereinander auf den Wäscheständer legen, so entweichen auch die letzten 20 % an Feuchte und deine Shirts sind wie gebügelt.

Energiefresser Wäschetrockner!

Dann doch besser luftgetrocknet

Viel Strom kannst du sparen, wenn du deine Wäsche zum Trocknen auf dem Wäscheständer oder der Wäscheleine aufhängst.

Ein Wäschetrockner verbraucht nämlich viel Strom. Falls ein Trockenraum im Haus vorhanden ist, ist dieser dafür der beste Ort. Wenn du deine Wäsche in der Wohnung trocknen möchtest, achte darauf, ausreichend zu lüften, damit die Feuchtigkeit entweichen kann. Hänge die einzelnen Kleidungsstücke mit ausreichend Abstand auf den Wäscheständer, damit die Luft zirkulieren kann. Auf diese Weise trocknet die Wäsche auch schneller.

Total verkalkt?
Waschmaschine entkalken

Waschmaschinen leben länger ...

Das Entkalken deiner Waschmaschine spart Strom und sorgt für saubere Wäsche.

Bei Kalkablagerungen an den Heizstäben braucht eine Waschmaschine länger, bis sie die gewünschte Temperatur erreicht hat, denn die Heizstäbe werden langsamer warm. Der Energieverbrauch kann dabei um ganze 30 % ansteigen. Außerdem ist die Waschleistung der Maschine eingeschränkt, sodass der Schmutz aus den Wäschestücken nicht mehr komplett entfernt werden kann. Wenn dein Wasser einen hohen Härtegrad hat, verkalkt deine Waschmaschine schneller und du solltest sie zwei- bis dreimal im Jahr entkalken.

Notizen

Damit fange ich an

Register

2-Minuten-Regel 30

Abgleich, hydraulischer 58, 59, 93
Abluft 108
Abtauen 132
Abwasser 141
Aluminium 13
Außenbeleuchtung 68, 142
Außendämmung 46
Außenhülle 64
Außenwand 63, 109
Außenwanddämmung 70
Austauschen 154

Backen 117
Baden 38
Badewanne 29, 38
Betondecke 54
Betriebskosten 106
Bett 17, 20
Bewegungsmelder 68
Boiler 32, 33, 36
Brauchwasser 34
Brenndauer 52
Brennwertheizung 177
Bügeln 181

CO_2-Ausstoß 18

Dachbegrünung 45, 66
Dachboden 87
Dachdämmung 45, 65
Dachfläche 54, 64, 141
Dachgeschoss 54, 93
Dachsanierung 54
Dämmeffekt 65
Dämmelemente 54, 92
Dämmen 48, 64
Dämmkeil 92
Dämmmaterial 50, 65
Dämmmatte 100
Dämmplatten 46, 50, 51
Dämmrolle 100
Dämmschicht 55, 66
Dämmtapeten 46, 47, 100
Dämmung 49, 50, 54, 55, 62, 64-66, 70, 100
Dämmung (Aufsparren-) 65
Dämmung (Zwischensparren-) 65
Dämmung, effiziente 110

Dämmung, Naturmaterial 110
Dämmwirkung 56
Dampfbremse 54
Dichtmasse 104
Dichtungsgummi 94
Drucker 158, 162
Durchflussbegrenzer 26
Durchlauferhitzer 36, 37
Dusche 26, 29, 31, 36, 38,
Duschkopf 26

E-Auto 160
Eco-Programm 173
Effizienzklasse 118, 156
Einfachverglasung 78
Emissionen 18
Energie 116
Energie, erneuerbare 18, 111
Energiebedarf 12
Energieberatung 10
Energie-Check 14
Energieeffizienz 12
Energiefresser 16, 80
Energiekosten 10, 17, 44
Energielabel 155
Energiespartipps 87, 117
Energieträger 18
Energieverbrauch 52, 89, 90, 98, 116, 155
Entfeuchten 28
Entlüften 86, 90

Fassade 64, 65, 67, 70
Fassadenbegrünung 66, 67
Fassadendämmung 65
Feinstaub 146
Fenster 48, 62, 94, 96, 98, 99, 104
Fenster, historische 78
Fensterbank 92
Fensterdichtprofile 94
Fensterdichtung 95
Fenstertausch 65, 94
Fernseher 155
Feuchtigkeit 104, 182
Fördermöglichkeiten 110
Förderung 111
Frischeduft 179
Frischluft 62, 63, 108
Fuge 105
Funksteckdose 153

Gartenbewässerung 141
Garzeit 133
Gas 18, 106, 116
Gasheizung 110
Gebäudehülle 58
Gefrierschrank 119, 132
Gefroren 128
Geschirrspüler 118
Geschossdecke 54
Glastür 57
Glühbirne 52
Gummidichtung 130
Gütesiegel 19

Halogen 52
Händewaschen 31
Hausfassade 71
Hausflur 87
Haushaltsgerät 154
Haushaltsverbrauch 38
Haustür 76
Heizen 98
Heizenergie 60, 62, 65
Heizkessel 60
Heizkörper 20, 86, 90, 92, 93, 100, 102, 103, 152
Heizkörper, (Rippen-) 102
Heizkörperbürste 103
Heizkörpernische 100
Heizkörperventil 99
Heizkosten 44, 50, 87, 101, 108
Heizkreis 91
Heizleistung 102
Heizlüfter 28
Heizperiode 102
Heizstab 33, 183
Heizsystem 106
Heizsystem, alternatives 110
Heizung 58, 60, 61, 90, 91, 101, 106
Heizung, (Pellet-) 106
Heizungsanlage 58, 93
Heizungskessel 59
Heizungsluft 72, 100
Heizungsnischen 48
Heizungspumpe 61
Heizungsrohr 44
Heizungssystem 59
Heizungswärme 20
Heizungswartung 58
Heizzeiten 33
Herd 116, 119, 121-124, 126

186 // Register

Hohlkammer 80
Holzboden 54

Induktion 124
Infrarot 88
Infrarotheizung 88, 89
Innendämmung 46
Innenraumluft 62
Isolationswert 57
Isolierfolie 57
Isolierung 44, 56

Jalousien 74, 86

Kaffee 122
Kalk 33, 183
Kalk, entkalken 37
Keller 119
Kellerdecke 50, 87
Keramikbauteil 108
Kernbohrung 63
KfW 111
Klimaanlage 21, 45
Kochen 116, 120
Kohle 18
Kollektoren 34
Küchenhelfer 126
Kühlschrank 12, 118,
  128-132, 135

Ladegerät 158, 165
Ladestation 160
Lamellen 103
Lampe 53
Laubbläser 146
Laubsauger 146
LED 52
Leuchtdiode 52
Licht 52, 53, 68
Lockenstab 166
Luft, zirkulierende 89
Lüften 62, 98, 99
Luftfeuchte 98
Luftqualität 98
Lüftungsanlage 62, 108
Luftzirkulation 86

Mikrowelle 122, 133

Nachtabsenkung 74
Netzteil 158
Niederschlag 141
Nordseite 70, 71

Oberflächentemperatur 46,
  47, 50, 70
Oberlichter 80
Ofen 117, 125

Ökostrom 18, 160
Öl 106
Ölheizung 110
Outdoor-Steckdose 142
PC 156, 157
Pelletheizung 106
Pellets 106
Photovoltaik 110, 145
Polyethylen 44
Polystyrol 100
Polyurethan 76
Powerbank 163

Rasensprenger 142
Raumluftfeuchte 29
Raumhöhe 51
Raumtemperatur 101
Reflexion 100
Regeleinheit 58
Regen 140
Restwärme 116, 123, 125
Rollladen 48, 49, 56, 74
Rollladenkasten 48
Rollo 56
Router 143

Schlafzimmer 87
Schnellkochtopf 120
Silikon 104
Smarthome 152
Smartphone 163, 165
Solaranlage 144
Solarthermie 34, 35
Sonnenwärme 74, 119
Sparduschkopf 37
Stand-by 158, 164
Staub 102, 103
Steckerleiste 158, 164
Strahlungswärme 88
Strom, grüner 19, 145
Stromanbieter 19
Stromfresser 16, 158
Strommonitor 159
Strompreis 52
Stromspar-Check 10
Stromverbrauch 14, 53
Styropor 47

Tageslicht 80
Tank 140
Temperatur 98, 117, 118, 121,
  131, 174, 176, 177, 183
Thermostat 72, 99, 152
Thermostatventil 93
Thermovorhänge 57
Toilettenspülung 141
Topf 122, 123, 126, 134
Trennwanddämmung 76

Trinkwasser 140
Trockner 174, 180, 182
Tür 87, 94, 96

Umluft 117
Ummantelung 44
Umwälzpumpe 90, 91, 93
UW-Wert 65

Ventil 91
Ventilator 21, 72
Verbraucherzentrale 10
Verfugung 104
Verhalten, persönliches 17
Verpackung 13
Versorgungssicherheit 106
Vorhang 56, 74, 86
Vorheizen 117
Vorwäsche 178

Wände, wärme-
  reflektierende 88
Wärme 108
Wärmebedarf 59
Wärmebrücke 92
Wärmeenergie 80, 108
Wärmemenge 59
Wärmereflexion 92
Wärmerückgewinnung 108
Wärmetauscher 62, 63, 108,
  109
Wärmeverlust 57, 80, 99,
  100, 104
Wärmflasche 20
Warmwasser 26, 38, 86, 177
Warmwasseraufbereitung 36
Warmwasserbedarf 34
Warmwasserkosten 34, 35
Warmwasserrohr 44
Wäschewaschen 141
Waschmaschine 12, 172-174,
  176-179, 183
Wasserarmatur,
  elektrische 31
Wasseraufbereitung 32
Wasserkocher 122, 126, 134
Wasserstopp 31
Wassertemperatur 32
Wasserverbrauch 140, 172
WLAN 142

Zählerstand 14
Zahnputzbecher 30
Zeitschaltuhr 33
Zugluft 95, 96, 104
Zugluftbesen 96
Zugluftstopper 96, 97
Zuschüsse 64, 107, 110

Bildnachweis

Autorenfoto: Ulrich Wolf
Shutterstock: S. 2 lovelyday12, S. 4 Yellowj und Sunshine Studio, S. 10 fizkes, S. 11 Inside Creative House, S. 12 fizkes, S. 13 Kwangmoozaa, S. 14 Sunshine Studio, S. 15 Ground Picture, S. 16 Ground Picture, S. 17 Monkey Business Images, S. 18 Mr. Kosal, S. 19 MEE KO DONG, S. 20 AY Amazefoto, S. 21 Allience Images, S. 26 Ranglen, S. 27 Yellowj, S. 28 alesjab, S. 29 UfaBizPhoto, S. 30 shutter_o, S. 31 Yuganov Konstantin, S. 32 k_r_e_f, S. 33 brizmaker, S. 34 Beautiful landscape, S. 35 sumroeng_chinnapan, S. 36 KenSoftTH, S. 37 ToeFo_To, S. 38 Olesya Kuznetsova, S. 39 nikkytok, S. 44 Martin Mecnarowski, S. 45 shutternelke, S. 46 studiovin, S. 47 ydoganay21, S. 48 Dmitrii Pridannikov, S. 49 Tee11, S. 50 fizkes, S. 51 New Africa, S. 52 Andrey Popov, S. 53 P_Art, S. 54 Roman023_photography, S. 55 irin-k, S. 56 Javier Ballester, S. 57 goodluz, S. 58 Andrew Angelov, S. 59 Andrey Popov, S. 60 AstroStar, S. 61 Zvone, S. 62 chami illustration, S. 63 fizkes, S. 64 Kishivan, S. 65 Virrage Images, S. 66 4Max, S. 67 Canetti, S. 68 Alexey Fedorenko, S. 69 Dancestrokes, S. 70 ronstik, S. 71 Gabriela Beres, S. 72 Africa Studio, S. 73 fizkes, S. 74 Rades, S. 75 Realstock, S. 76 zentradyi3ell, S. 77 Halfpoint, S. 78 rawf8, S. 79 Alena Ozerova, S. 80 VanoVasaio, S. 81 Ratchat, S. 86 New Africa, S. 87 Dmitry Bakulov, S. 88 PhotoSGH, S. 89 Antonio Guillem, S. 90 Yevhen Prozhyrko, S. 91 Quisquilia, S. 92 Africa Studio, S. 93 Skylines, S. 94 ReaLiia, S. 95 Rido, S. 96 Andrey Popov, S. 97 LADO, S. 98 Deliris, S. 99 Ivan4es, S. 100 IrinaPhVideo, S. 101 LightField Studios, S. 102 AstroStar, S. 103 Gabor Tinz, S. 104 New Africa, S. 105 Tanya Dvoretskaya, S. 106 Minerva Studio, S. 107 simona_pilolla_2, S. 108 VectorMine, S. 109 ronstik, S. 110 Chinnapong, S. 111 Watchara Ritjan, S. 116 Gorloff-KV, S. 117 Prostock-studio, S. 118 Gorodenkoff, S. 119 Pixel-Shot, S. 120 Daniel Krason, S. 121 AtlasStudio, S. 122 Rawpixel.com, S. 123 nerudol, S. 124 Lazy Bear, S. 125 StoryTime Studio, S. 126 Svilen G, S. 127 bane.m, S. 128 Andrey Popov, S. 129 Pixel-Shot, S. 130 Robert Kneschke, S. 131 Lesterman, S. 132 Shveyn_Irina, S. 133 Ira Lichi, S. 134 Mehmet Cetin, S. 135 Africa Studio, S. 140 Anna Nikonorova, S. 141 OnD, S. 142 funkyteddy, S. 143 Subbotina_Anna, S. 144 Anna Nahabed, S. 145 Makistock, S. 146 The Toidi, S. 147 Tatiana Gordievskaia, S. 152 ImageFlow, S. 153 Pearl_PhotoPix, S. 154 Digital Genetics, S. 155 Dmitry Kalinovsky, S. 156 Tero Vesalainen, S. 157 Dragana Gordic, S. 158 Farknot Architect, S. 159 Hrytsiv Oleksandr, S. 160 Monkey Business Images, S. 161 VisualArtStudio, S. 162 New Africa, S. 163 Bidzilya, S. 164 Vladimir Sukhachev, S. 165 Zoomik, S. 166 New Africa, S. 167 Olga Gu, S. 172 agencies, S. 173 Anetlanda, S. 174 brizmaker, S. 175 Rozhnovskaya_Tanya, S. 176 Monkey Business Images, S. 177 brizmaker, S. 178 Suzanne Tucker, S. 179 Farknot Architect, S. 180 tativophotos, S. 181 Stock-Asso, s. 182 l_i_g_h_t_p_o_e_t, S. 183 Vladimir Mucibabic

Über den Autor

Ulrich Wolf, geb. 04.09.1967, absolvierte nach einer Ausbildung zum Zimmerergesellen und nach einem Studium des Bauingenieurswesens ein Zeitschriftenvolontariat in der Redaktion „Selbst ist der Mann" (damals Heinrich Bauer Lapis KG, heute Bauerverlag). Es folgte eine Zeit als Redakteur beim Heimwerkermagazin SELBER MACHEN im Jahreszeitenverlag. Seit 2010 ist Ulrich Wolf Inhaber des Redaktionsbüros Bausatz, seit 2018 arbeitet er als Fachredakteur bei der Zeitschrift bmH bauen mit Holz im Bruderverlag und ist verantwortlich für den Youtube-Kanal dach-holz.tv.

Dank

Mein Dank gilt dem Team des Christophorus Verlages, die mich bei der Recherche unglaublich engagiert unterstützt haben.

Mein besonderer Dank gilt meiner Frau. Sie musste in den letzten Wochen auf sehr viele der von uns beiden hochgeschätzten gemeinsamen Abendessen verzichten.

Ebenfalls erhältlich ...

ISBN 978-3-8388-3822-9

ISBN 978-3-8388-3828-1

ISBN 978-3-8388-3843-4

ISBN 978-3-8388-3810-6

www.christophorus-verlag.de

Für alle, die es gerne selbst anpacken!

Jeden Monat neu am Kiosk!

Testabo mit Prämie bestellen unter
www.selbermachen.de/abo

Selbermachen Media GmbH, Infanteriestraße 11a, 80797 München   Foto: Adobe Stock

Impressum

Produktmanagement: Christophorus Verlag
Lektorat: Brigitte Schnock
Korrektorat: Susen Truffel-Reiff
Satz: Elke Mader
Bildredaktion: Rebekka Wittmann
Umschlaggestaltung: Ina Zimmermann
Repro: LUDWIG:media
Herstellung: Kathleen Baumann
Printed in Slovenia by Florjancic

Sind Sie mit diesem Titel zufrieden? Dann würden wir uns über Ihre Weiterempfehlung freuen. Erzählen Sie es im Freundeskreis, berichten Sie Ihrem Buchhändler oder bewerten Sie bei Onlinekauf. Und wenn Sie Kritik, Korrekturen, Aktualisierungen haben, freuen wir uns über Ihre Nachricht an: Christian Verlag, Postfach 40 02 09, D-80702 München oder per E-Mail an lektorat@verlagshaus.de.

Unser komplettes Programm finden Sie unter

 www.christophorus-verlag.de

Alle gezeigten Illustrationen und Fotos sind urheberrechtlich geschützt. Eine gewerbliche Nutzung ist untersagt. Dies gilt auch für eine Vervielfältigung bzw. Verbreitung über elektronische Medien. Autor und Verlag haben alle Angaben und Anleitungen mit größtmöglicher Sorgfalt zusammengestellt.
Dennoch kann bei Fehlern keinerlei Haftung für direkte oder indirekte Folgen übernommen werden. Die bildliche Darstellung ist unverbindlich. Sollte dieses Werk Links auf Webseiten Dritter enthalten, so machen wir uns die Inhalte nicht zu eigen und übernehmen für die Inhalte keine Haftung.

Die Deutsche Nationalbibliothek verzeichnet diese Publikation in der Deutschen Nationalbibliografie; detaillierte bibliografische Daten sind im Internet über www.dnb.de abrufbar.

© 2023 Christophorus Verlag
in der Christian Verlag GmbH
Infanteriestraße 11a
80797 München

ISBN: 978-3-8388-3873-1